Special Thanks to

세상이 아무리 바쁘게 돌아가더라도
책까지 아무렇게나 빨리 만들 수는 없습니다.

길벗은 독자 여러분이
가장 쉽게, 가장 빨리 배울 수 있는 책을
한 권 한 권 정성을 다해 만들겠습니다.

독자의 1초를 아껴주는 정성을 만나보세요.

미리 책을 읽고 따라해 본 2만 베타테스터 여러분과
무따기 체험단, 길벗스쿨 엄마 2% 기획단,
시나공 평가단, 토익 배틀, 대학생 기자단까지!
믿을 수 있는 책을 함께 만들어주신 독자 여러분께 감사드립니다.

노션 템플릿 상점

Rei 지음 | 노슈니 감수

Notion ライフハック
(Notion Life Hack: 8091-5)
ⓒ 2023 Rei
Original Japanese edition published by SHOEISHA Co.,Ltd.
Korean translation rights arranged with SHOEISHA Co.,Ltd. through Botong Agency
Korean translation copyright ⓒ 2025 by Gilbut Publishing INC.

이 책의 한국어판 저작권은 보통 에이전시를 통한 저작권자와의 독점 계약으로 길벗이 소유합니다.
신 저작권법에 의하여 한국 내에서 보호를 받는 저작물이므로 무단 전재와 무단 복제를 금합니다.

노션 템플릿 상점
Notion Template Store

초판 발행 · 2025년 7월 30일

지은이 · Rei(카타야마 레이)
감수 · 노슈니(오수인)
발행인 · 이종원
발행처 · (주)도서출판 길벗
출판사 등록일 · 1990년 12월 24일
주소 · 서울시 마포구 월드컵로 10길 56(서교동)
대표전화 · 02)332-0931 | **팩스** · 02)323-3895
홈페이지 · www.gilbut.co.kr | **이메일** · gilbut@gilbut.co.kr

기획 및 책임 편집 · 최동원(cdw8282@gilbut.co.kr) | **디자인** · 장기춘 | **제작** · 이준호, 손일순, 이진혁
영업 마케팅 · 전선하, 박민영, 서현정 | **유통혁신** · 한준희 | **영업관리** · 김명자 | **독자지원** · 윤정아

전산 편집 · 김정미 | **CTP 출력 및 인쇄** · 교보피앤비 | **제본** · 신정문화사
집필 협력 · 미노쿠루미 | **본문 일러스트** · 토미타마리

- 잘못된 책은 구입한 서점에서 바꿔 드립니다.
- 이 책은 저작권법에 따라 보호받는 저작물이므로 무단전재와 무단복제를 금합니다.
- 이 책의 전부 또는 일부를 이용하려면 반드시 사전에 저작권자와 (주)도서출판 길벗의 서면 동의를 받아야 합니다.
- 인공지능(AI) 기술 또는 시스템을 훈련하기 위해 이 책의 전체 내용은 물론 일부 문장도 사용하는 것을 금합니다.

ⓒ Rei(카타야마 레이), 2025

ISBN 979-11-407-1468-1 03000
(길벗 도서번호 007212)

정가 22,000원

독자의 1초까지 아껴주는 정성 길벗출판사

길벗 • IT교육서, IT단행본, 경제경영, 교양, 성인어학, 자녀교육, 취미실용 ▶ www.gilbut.co.kr
길벗스쿨 • 국어학습, 수학학습, 어린이교양, 주니어 어학학습, 학습단행본 ▶ www.gilbutschool.co.kr

페이스북 www.facebook.com/gilbutzigy
네이버 블로그 blog.naver.com/gilbutzigy

머리말

평범한 직장인인 내가 Notion을 만나기까지

안녕하세요. 저는 도쿄에서 일하는 직장인입니다. 이 책을 펼친 여러분도 저처럼 바쁜 일상을 살아가는 평범한 사회인이겠지요. Notion이라는 서비스를 들어본 적 있으신가요? '어디선가 들어본 것 같기도 한데...' 하는 분도 많을 것 같습니다.

제가 Notion을 처음 접한 건 2018년 말쯤이었습니다. 당시 웹사이트에는 'All-in-one workspace'라는 문구가 적혀 있었죠. 광고대행사에서 일하며 지쳐가던 저는 뭔가에라도 기대고 싶은 심정으로 Notion을 써보기 시작했습니다. 그 무렵은 '워라밸'을 외치며 일하는 방식이 바뀌던 과도기였고 회사 안은 각종 툴로 가득했습니다. 같은 회사인데도 어떤 팀은 Google, 또 어떤 팀은 Dropbox를 쓰고, 누군가는 PowerPoint를, 또 누군가는 끝까지 Keynote를 고집했죠. 문서는 Word로 받으면서도 회의 때는 인쇄물을 요구하는 클라이언트도 있었습니다. 이렇게 흩어진 정보를 하나로 모아 프로젝트를 진행해야 했습니다.

하루하루 일에 치여 지쳐 있었고 사생활도 엉망이었습니다. 지출을 파악하지 못한 채 술자리에 나가고 신용카드는 한도 직전까지 썼으며 자취 요리는 금방 포기하고 매일 편의점 도시락으로 끼니를 때웠습니다. SNS에서 보던 '정돈된 삶'이란 길 나는 왜 못할까, 그런 생각만 하며 하루를 버텼습니다.

사회생활은 정말 어렵습니다. 그냥 일하고 살아가는 것조차 이렇게 힘든 줄 몰랐죠. 벼랑 끝까지 몰렸던 저는 상황을 바꿔보고자 여러 서비스를 전전했습니다. 넘쳐나는 정보와 업무 속에서 저는 정돈된 책상 같은 도구를 원하고 있었던 겁니다.

그러던 어느 날 우연히 Notion을 알게 되었습니다. 여러 기능을 하나로 통합할 수 있고 디자인도 단순해 복잡한 일상을 정리하기에 딱 맞았죠. 업무와 개인 정보를 정리해 한곳에 모으는 경험은 제게 큰 전환점이 되었습니다. 직장인에겐 일 외에도 이사, 결혼, 육아 같은 크고 작은 일이 계속 생깁니다. 겉으론 멀쩡해 보여도 사실은 겨우겨우 버티는 사람도 많겠지요. 이 책은 그런 일상을 조금이라도 가볍게 만들기 위해 제가 몇 년간 시도하며 쌓아온 Notion 활용법을 담았습니다.

기능 설명은 꼭 필요한 것만 다루고, 오늘부터 바로 써먹을 수 있는 실용적인 방법과 템플릿 위주로 구성했습니다. Notion이 처음인 분도, 좀 더 잘 써보고 싶은 분도 이 책에서 작지만 분명한 도움을 얻으시길 바랍니다.

레이 카타야마

GRAND OPEN 노션 템플릿 상점

🚩 01 Notion을 시작해 보세요 ▶ 13쪽

Notion이 사랑받는 이유와 블록, 페이지, 데이터베이스까지 기본 사용법을 소개합니다.

🚩 02 대표적인 활용법 ▶ 53쪽

메모, 홈, 맛집, 영화, 여행! 당신을 위해 대표적인 Notion 템플릿으로 구체적인 활용법을 알아봅니다.

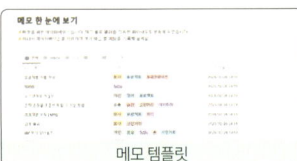

메모 템플릿 · 맛집 관리 템플릿 · 여행 기록 템플릿

🚩 03 작업 관리 ▶ 91쪽

단순한 ToDo 리스트, 버킷리스트까지 구체적인 목표를 설정하고 관리하는 방법을 제시합니다.

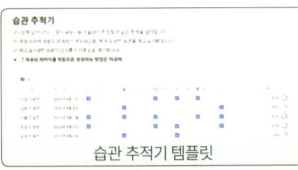
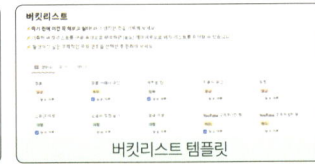

ToDo 리스트 템플릿 · 습관 추적기 템플릿 · 버킷리스트 템플릿

🚩 04 메모 ▶ 115쪽

매일이 바쁘지만 성장하고 싶은 대학생, 직장인을 위한 맞춤 템플릿!

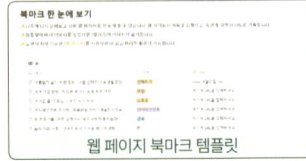

대학 템플릿 · 스터디 플래너 템플릿 · 웹 페이지 북마크 템플릿

▶ 05 생활 ▶ 151쪽

정기적으로 해야 하지만 막상 시작하려면 주저하는 당신을 위해 준비했습니다.

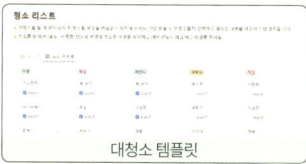
대청소 템플릿

장기 휴가 템플릿

식단·레시피 템플릿

▶ 06 소비 습관 ▶ 195쪽

구독 관리, 가계부, 위시리스트 템플릿으로 불필요한 지출을 줄여보세요.

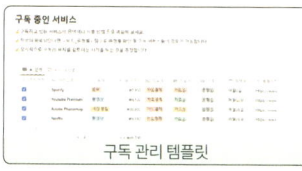
구독 관리 템플릿

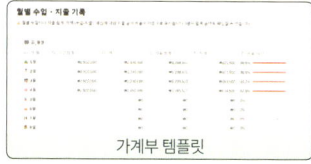
가계부 템플릿

견적서 템플릿

▶ 07 아카이빙 ▶ 217쪽

정보를 한 곳에 모아두면 접근성과 편의성을 높일 수 있을 뿐만 아니라 효율적으로 관리할 수 있습니다.

사내 Wiki 템플릿

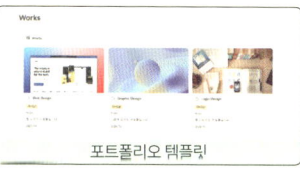
포트폴리오 템플릿

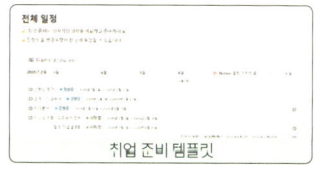
취업 준비 템플릿

▶ 08 Notion AI ▶ 251쪽

Notion AI는 아이디어 정리, 회의록 요약, 초안 작성 등 다양한 작업의 효율화를 지원합니다.

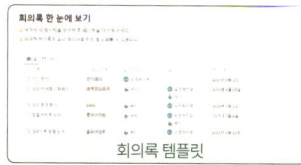
회의록 템플릿

프로젝트 관리 템플릿

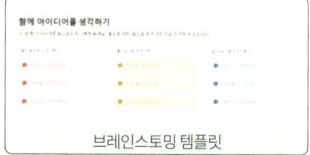
브레인스토밍 템플릿

이 책을 보는 방법

섹션   Notion 앰배서더 Rei가 34가지 Notion 템플릿과 아이디어를 제안합니다. 기본 사용법부터 메모, 일상, 업무, 금융, Notion AI까지 다양한 템플릿을 만나보세요.

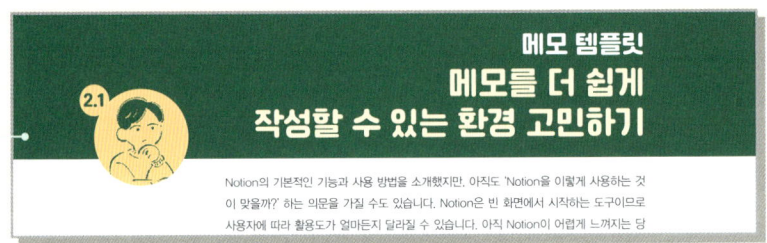

Rei   Notion 앰배서더 Rei의 제안! Notion을 활용해 일상을 기록하는 구체적인 방법을 안내합니다.

QR   책에서 소개하는 템플릿을 복제하여 직접 활용해 보세요.

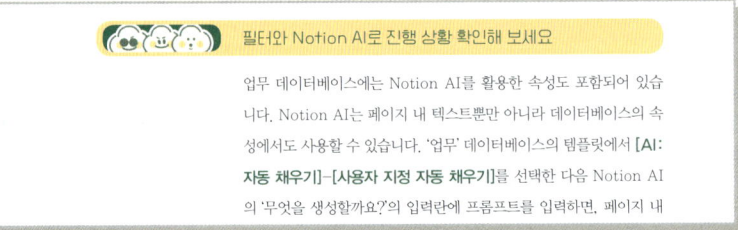

소제목   Notion의 세세한 기능을 익히는 것보다 Notion을 활용해 무엇을 할 것인지 고민해 보는 것이 좋습니다. 아직도 Notion이 막막하기만 하다면 템플릿을 활용할 수 있는 요령을 알려줍니다.

노슈니   Notion 앰배서더 노슈니가 먼저 써보고 알려주는 팁과 활용법! 이렇게 활용해 보세요.

노슈니

페이지를 게시하면 Notion을 사용하지 않는 사람에게도 URL을 통해 실시간 업데이트 내용을 전달할 수 있어요.

'비망록(備忘錄)'은 잊지 않기 위해 중요한 내용을 기록해 둔 문서나 메모를 말합니다. Notion을 비망록처럼 활용할 때 가장 큰 장점은 작성한 페이지를 다른 사람과 쉽게 공유할 수 있다는 점입니다. 가끔 겪는 일들은 시간이 지나면 자연스럽게 잊히기 마련이죠. 하지만 이런 일들을 정리해 둘 수 있는 공간이 있다면 매번 같은 고민을 반복하지 않아도 됩니다. 예를 들어, 주변에 이사를 처음하는 사람이 있다면 여러분이 정리해 둔 Notion 페이지를 공유해서 실질적인 도움을 줄 수도 있

포인트   엄선한 템플릿의 주요 기능과 더 효율적인 활용법을 일목요연하게 정리해 줍니다.

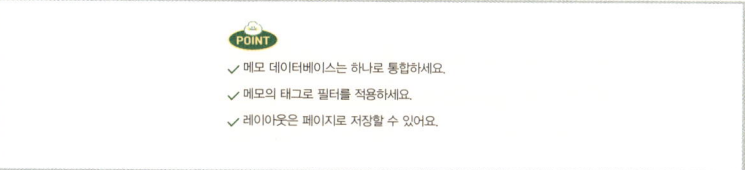

POINT
- 메모 데이터베이스는 하나로 통합하세요.
- 메모의 태그로 필터를 적용하세요.
- 레이아웃은 페이지로 저장할 수 있어요.

TIP
새로 추가된 [레이아웃]의 탭을 클릭하면 원하는 탭 이름을 입력할 수 있습니다.

팁   조금 어렵거나, 다른 방법이 궁금하다면 친절하게 다시 한 번 설명해 줄게요.

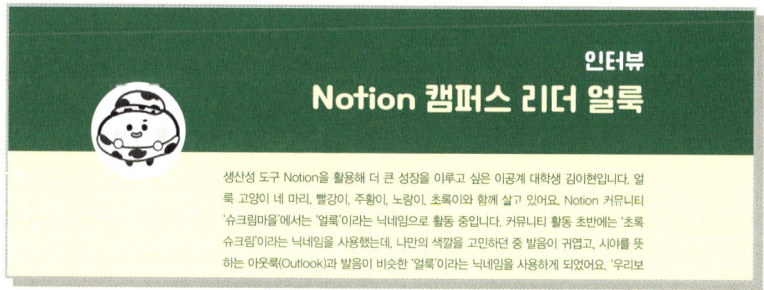

인터뷰

Notion 캠퍼스 리더 얼룩

생산성 도구 Notion을 활용해 더 큰 성장을 이루고 싶은 이공계 대학생 김이현입니다. 얼룩 고양이 네 마리, 빨강이, 주황이, 노랑이, 초록이와 함께 살고 있어요. Notion 커뮤니티 '슈크림마을'에서는 '얼룩'이라는 닉네임으로 활동 중입니다. 커뮤니티 활동 초반에는 '초록 슈크림'이라는 닉네임을 사용했는데, 나만의 색깔을 고민하던 중 발음이 귀엽고, 시야를 뜻하는 아웃룩(Outlook)과 발음이 비슷한 '얼룩'이라는 닉네임을 사용하게 되었어요. '우리보

인터뷰   Notion 앰배서더와 캠퍼스 리더는 Notion을 어떻게 사용할까요? Notion 선배들의 활용법을 인터뷰로 구성했습니다.

7

노슈니와 슈크림 마을

안녕하세요. Notion을 쉽고 재미있게 알려주는 크리에이터 Notion 알려주는 슈니, '노슈니'입니다.

4만 명이 팔로우하는 인스타그램 채널을 운영하며 Notion을 중심으로 일과 삶을 연결하는 다양한 콘텐츠를 만들고 있어요. 저에게 Notion은 단순한 메모 도구를 넘어 일과 삶을 유기적으로 연결해주는 '경험의 도구'입니다. 그래서 단순한 기능 설명에 그치지 않고 사람들이 자기효능감과 선택권을 키울 수 있도록 돕는 콘텐츠를 만드는 것을 철학으로 삼고 있습니다. 현재 Notion 글로벌 앰배서더로 활동 중이며 10년 차 마케터이자 PM으로서의 경험을 살려 기업 대상 Notion 컨설팅, 템플릿 제작, 강의를 진행하고 있습니다.

▲ 노슈니 인스타그램

깊은 애정을 담아, 2,500명 이상의 멤버가 함께하는 국내 최대 Notion 커뮤니티 '슈크림 마을'도 운영하고 있습니다. Notion을 통해 더 나은 일상과 성장을 함께 만들어가는 이 커뮤니티는 '재미, 공유, 성장'이라는 핵심 가치를 중심으로 운영되고 있어요. 경험에서 얻은 깨달음을 나누고, 성장을 지향하는 사람들이 자연스럽게 모여드는 공간입니다.

Notion을 기반으로 더 나은 삶을 꿈꾸는 사람들이 유용한 정보와 자신만의 노하우를 아낌없이 공유하며 일상에서 무력감을 느끼던 이들이 작지만 꾸준한 성취를 통해 자신만의 '무기'를 만들어가는 여정을 함께 하고 있습니다.

슈크림 마을은 단순히 정보를 주고받는 데서 그치지 않고 서로의 노하우를 나누고 '피어 러닝(Peer Learning)'을 통해 함께 성장하는 진짜 커뮤니티입니다. '방범대원', '슈포터즈', '제빵사' 등 슈크림 마을만의 역할과 문화는 리더가 리더를 키우는 순환 구조를 자연스럽게 만들어내고 있어요. 이 커뮤니티는 단순히 Notion을 잘 쓰는 법을 넘어서, Notion을 통해 내 삶과 커리어를 어떻게 주도할 것인가를 끊임없이 질문하고 실천하는 공간이기도 합니다.

'슈크림'이라는 이름은 콘텐츠를 좋아해 주시는 분들을 더 애정 어린 호칭으로 부르고 싶어 공모전을 통해 만들어졌습니다. 이후 귀여운 캐릭터 '슈크림'이 탄생했고, 슬랙 기반의 커뮤니티 채널도 자연스럽게 이어졌어요. 저는 '한 명의 열광적인 팬을 만드는 것'이 커뮤니티의 시작이자 핵심이라고 믿습니다. 그 한 명이 또 열 명을, 열 명이 백 명을 불러오기 때문이죠. 그래서 저는 단순히 커뮤니티를 '운영'하는 것을 넘어, 함께 성장할 수 있는 리더를 키워내는 일에 더 많은 에너지를 쏟고 있습니다.

슈크림 마을의 비전은 다음과 같습니다.
'**선택권을 갖게 해주는 강력한 나만의 무기, 경쟁력을 높여주는 단단한 나만의 무기를 만들자.**'
그리고 저는 그 출발점으로 Notion만큼 좋은 도구는 없다고 믿어요. 슈크림 마을의 멤버들은 매일 성장과 의미 있는 하루를 꿈꾸며 함께 나아가고 있습니다. Notion과 성장이라는 키워드에 관심 있는 분이라면, 언제든 슈크림 마을에 놀러 오세요!

목차

Chapter 1
Notion을 시작해 보세요

종이 메모 vs 디지털 메모
Notion이 정말로 필요할까?   22
- 종이 메모보다 디지털 메모가 좋은 이유   22
- 기억을 기록해 둘 수 있는 비망록   23
- 다양한 데이터 형식을 한 곳에!   24
- 사용하는 앱을 더 단순하게   25

Notion의 인기 비결
Notion이 사랑받는 이유   27
- 다양한 도구를 하나로   27
- 미니멀리즘에서 영감을 받은 Notion의 디자인   28
- 사용하는 기기를 가리지 않음   29
- 편리한 공유   30
- 저렴한 가격   32

Notion을 시작해 보세요
페이지와 블록 사용 방법   33
- Notion 회원가입하기   33
- 페이지 만들기   35
- 블록 활용하기   37
- 블록 추가하기   39
- 블록 정렬하기   40

Notion의 핵심 요소
데이터베이스   41
- 데이터베이스 만들기   41
- 데이터베이스 레이아웃 변경하기   43

템플릿 활용도를 높이는
데이터베이스 주요 기능   46
- 데이터베이스를 정리하기 위한 [속성]   46
- 속성을 기준으로 정리할 수 있는 [정렬]   48
- 원하는 페이지만 표시할 수 있는 [필터]   49
- 속성별로 구분할 수 있는 [그룹]   51
- 서로 다른 데이터베이스를 묶을 수 있는 [연결]   52
- 다른 위치에 표시하는 [연결된 데이터베이스 보기]   54

본격적으로 Notion을 사용해 봐요
템플릿 사용 방법   55

인터뷰+2025 Life Planner
매일 성장하는 삶을 기록하는 기록가 연   56

Chapter 2
대표적인 사용법

메모 템플릿
메모를 더 쉽게 작성할 수 있는 환경 고민하기   62
- 데이터베이스와 계층은 단순하게 구성하세요   63
- 데이터베이스에 새 페이지를 추가해 봅시다   63
- 태그로 필터를 적용해 보세요   65
- 마음에 드는 레이아웃은 페이지로 저장해 보세요   66

홈 템플릿
나만의 홈 화면 만들기   69
- 페이지를 분할해 보세요   70
- Notion으로 습관을 관리해 보세요   71

목차

할 일은 항상 표시해 두는 것이 좋습니다 … 73
일기는 홈 화면에 배치해 보세요 … 73

맛집 관리 템플릿
가게 정보를 한 곳에 모아두고 싶다! … 75
가보고 싶었던 맛집을 추가해 보세요 … 76
맛집을 찾을 때는 필터를 활용하세요 … 77
다양한 맛집을 한곳에 모아보세요! … 78
맛집을 발견하면 바로 메모해 보세요 … 78

영화 목록 템플릿
좋아하는 영화를 기록하는 방법 … 80
나만의 영화 목록을 만들어 보세요 … 81
다음에 보고 싶은 영화도 간편하게 메모해 보세요 … 82
영화를 간편하게 찾아보세요 … 83
감독의 데이터베이스도 연결할 수 있어요 … 84

여행 기록 템플릿
더욱 가볍게 여행 계획을 세워보세요! … 86
가보고 싶은 장소를 정리해 보세요 … 87
여행을 계획해 보세요 … 87
여행지에서도 스마트폰으로 간편하게 메모하세요 … 88
여행 중 결제나 가지 못한 장소도 돌아볼 수 있어요 … 90
누군가와 함께 계획해 보세요 … 91

인터뷰+마감일 플래너
Notion과 함께 성장하고 싶은 앰배서더 메리 … 92

Chapter 3
작업 관리

ToDo 리스트 템플릿
자신에게 맞는 ToDo 리스트를 찾아보세요! 100
[버튼]으로 간단하게 작업을 관리해 보세요 101
[표] 레이아웃으로 작업을 한눈에 정리해 보세요 102
[보드] 레이아웃으로 진행 상황을 확인해 보세요 103
[캘린더] 레이아웃으로 할 일을 관리하세요 104
[리스트]와 [캘린더] 레이아웃를 함께 활용해 보세요 106

습관 추적기 템플릿
새로운 습관을 들이고 싶은 당신에게 107
습관으로 만들고 싶은 행동을 메모하세요 108
습관을 기록해 보세요 109
페이지를 자동으로 생성할 수 있어요 110
한 달 동안의 습관을 회고해 보세요 111

일기 템플릿
나만의 일기를 만들어 보자! 112
[속성]을 활용해 하루하루를 기록해 보세요 113
넓은 시야로 하루를 되돌아보세요 114
매일 볼 수 있는 곳에 배치해 보세요 115
일기는 Notion의 대표적인 활용 방법 중 하나입니다 117

버킷리스트 템플릿
죽기 전에 꼭 해보고 싶은 일을 적어 보자! 118
죽기 전에 하고 싶은 일을 기록해 보세요 119
[속성]별 버킷리스트를 확인해 보세요 120
버킷리스트를 달성하고 체크해 보세요 121
중요한 인생 이벤트 확인할 수 있어요 122

목차

Chapter 4

메모 & 노트

대학 템플릿
바쁜 대학 생활을 잘 해내고 싶어요   124
학점을 계산하며 시간표를 짜 보세요   125
시간표가 자동으로 완성됩니다   126
시험과 과제 일정도 메모하세요   126
강의 노트도 Notion을 활용하세요   127

디지털 책장 템플릿
읽은 책과 읽고 싶은 책을 정리하는 방법   130
나만의 책장을 만들어 보세요   131
읽고 싶은 책도 메모해 두세요   133
[필터]로 책을 쉽게 찾을 수 있어요   135

스터디 플래너 템플릿
공부 일정이나 노트는 Notion으로 대체할 수 있다   136
공부 목표와 ToDo를 정리해 보세요   137
공부 스케줄을 세워보세요   137
노트도 Notion에 정리해 보세요   138
노트를 활용한 복습도 간편해요   140
이벤트와 참고 도서도 메모할 수 있어요   140

영어 단어장 템플릿
나만의 단어장, 맞춤형으로 만들어보자!   142
외우고 싶은 단어를 등록해 보세요   143
스마트폰으로 단어를 암기해 보세요   144
효율적으로 학습할 수 있어요   145

웹 페이지 북마크 템플릿
나중에 읽을 웹 페이지를 저장해보자!   147

페이지를 저장해 보세요   148
저장한 웹 페이지를 관리해 보세요   149
Notion에서 웹 페이지를 읽어 보세요   151

인터뷰+디지털 콘텐츠 아카이빙 템플릿
Notion 캠퍼스 리더 얼룩   152

대청소 리스트 템플릿
어려운 대청소를 조금 더 쉽게 하는 방법   158

청소할 곳을 구역별로 정리해 보세요   159
구역별로 체크하며 진행하세요   160
청소가 끝난 곳은 체크박스에 표시합시다   160
다음에도 활용할 수 있어요   161

장기 휴가 템플릿
더 알찬 장기 휴가를 계획하고 싶다면!   163

장기 휴가 목표를 세워보세요   164
목표 리스트를 작성해 보세요   165
목표 리스트는 다이어리처럼 활용하세요   167

식단·레시피 관리 템플릿
레시피를 정리해 자취 요리를 간편하게   168

레시피를 한곳에 모아 보세요   169
일주일치 식단을 구성해 보세요   171

목차

요리를 할 때는 스마트폰을 활용합시다	171
마트에서는 장보기 리스트로 활용할 수 있어요	172

옷장 정리 템플릿
디지털 드레스룸 만들기 · 174

보유한 옷을 등록해 보세요	175
사고 싶은 옷도 바로 메모해 보세요	176
구매한 옷을 관리해 보세요	177
옷장을 다시 살펴 보세요	178

집안일 분담 템플릿
집안일을 즐겁게 정리하는 방법 · 180

집안일을 정리해 보세요	181
서로 잘하는 일과 어려운 일을 정리해 보세요	181
분담표는 잘 보이는 곳에 배치하세요	182

이사 준비 템플릿
한 번 정리해 두면 걱정 끝! · 184

이사가 결정되면 해야 할 일을 정리해 보세요	185
할 일 목록에 필요한 작업을 추가하세요	185
함께하는 이사에도 활용할 수 있어요	187
이사 비용도 자동으로 계산됩니다	187
이사 전후로 잊기 쉬운 주소 변경도 미리 준비하세요	188

연락처 관리 템플릿
연락처도 Notion으로 정리해 보자 · 190

연락처를 등록해 보세요	191
연락처를 직접 찾아보세요	192

인터뷰+메모 템플릿
Notion 템플릿 기획·제작자 라별   194

Chapter 6

소비 습관

구독 관리 템플릿
구독 서비스 낭비와 이별하기   200
이용 중인 구독 서비스를 정리해 보세요   201
구독 서비스를 유형별로 점검해 보세요   202
사용하지 않는 구독 서비스는 과감하게 해지하세요   203

가계부 템플릿
귀찮음을 느끼는 사람에게 이런 가계부를 추천합니다   205
항목별 예산부터 설정해 보세요   206
월말에 실제 지출 금액을 입력하세요   207
연간 수입·지출을 한눈에 확인할 수 있어요   209

위시리스트 템플릿
원하는 상품을 한곳에서 관리하자   210
위시리스트를 작성해 보세요   211
원하는 상품을 찾아보세요   213
구매한 상품은 구매 목록으로 옮겨 보세요   214

견적서 템플릿
Notion에서 견적서를 만들어 보세요!   215
Notion으로 견적서를 만들어 보세요   216
함수를 활용하면 더 편리하게 사용할 수 있어요   217
[하위 항목] 기능을 사용해 보세요   219

17

목차

Chapter 7
아카이빙

사내 Wiki 템플릿
흩어진 회사 정보를 정리해 보세요! 222
- 사내 Wiki에 회사 정보를 정리해 보세요 223
- 이런 회사 정보 페이지 아이디어 어때요? 223
- 페이지를 보기 좋게 배치하여 깔끔한 Wiki로 만들어 보세요 225

사원 소개 템플릿
사원 데이터베이스를 만들어 보세요! 226
- 직원들을 템플릿에 초대하세요 227
- 자기소개를 작성해 보세요 227
- 여러가지 방법으로 사원을 찾아보세요 229

포트폴리오 템플릿
Notion으로 포트폴리오를 공개하는 방법 231
- 자신만의 포트폴리오를 만들어 보세요 232
- 연락처 정보를 추가해 보세요 235
- 포트폴리오를 링크로 공유해 보세요 236

취업 준비 템플릿
바쁜 취업도 Notion으로 관리할 수 있다 238
- 전체 일정을 파악해 보세요 239
- 지원할 회사 정보를 정리해 보세요 239
- 채용 일정 관리해 보세요 240
- 예상 질문 리스트로 면접을 준비해 보세요 242

거래처 관리 템플릿
거래처 데이터를 모아 활용해 보세요! 243
- 회사 구성원과 함께 활용해 보세요 244

거래처를 등록해 보세요	244
고객 상태도 확인할 수 있어요	246

인터뷰+연차 마스터 템플릿
수식 전문가! Notion 앰배서더 스윈　　　　　　　　248

Chapter 8
Notion AI

All In One AI
Notion AI란 무엇일까?　　　　　　　　254
Notion AI를 구독해 보세요	256

회의록 템플릿
회의록은 더 효율적으로 작성할 수 있다　　　　　　　　258
회의를 준비해 보세요	259
회의록을 작성해 보세요	260
Notion AI로 회의록 내용을 요약해 보세요	262

프로젝트 관리 템플릿
프로젝트 관리 마스터하기　　　　　　　　263
프로젝트를 등록하고 공유해 보세요	264
업무를 등록하고 계획을 세워보세요	265
필터와 Notion AI로 진행 상황 확인해 보세요	267

브레인스토밍 템플릿
아이디어 구상도 Notion의 도움을 받아보세요!　　　　　　　　268
Notion을 포스트잇처럼 활용해 보세요	269
표에 아이디어를 작성해 보세요	270

목차

아이디어를 분류해 보세요	271
Notion AI의 도움을 받아보세요	273

SNS 플래너 템플릿
SNS를 한 곳에서 관리하는 방법   275
관리할 SNS 채널을 정리해 보세요	276
게시물 아이디어를 정리하고 콘텐츠를 생산해 보세요	277
게시 일정 관리와 분석도 할 수 있어요	279

Notion 앰배서더 노슈니의 선물
Notion 템플릿 11종 + 슈크림 마을 입장권

Chapter 1

Notion을
시작해 보세요

1.1 종이 메모 vs 디지털 메모
Notion이 정말로 필요할까?

저는 예전부터 Notion이라는 멋진 도구를 많은 사람에게 알리기 위해 Notion 앰배서더로서 다양한 활용법을 꾸준히 공유해 왔습니다. 최근에는 'Notion이 뭐야?'라는 질문을 받는 일이 점점 줄어들면서, 더 많은 사람들이 Notion을 일상 속에서 자연스럽게 받아들이고 있다는 걸 느끼고 있죠.

하지만 여전히 'Notion이 왜 필요한가요?'라는 질문을 받을 때가 있습니다. 이 책에서는 Notion의 구체적인 활용법을 자세히 소개할 예정이지만, 그에 앞서 왜 Notion이 필요한지에 대해 몇 가지 핵심 포인트로 나누어 설명하려고 합니다.

 종이 메모보다 디지털 메모가 좋은 이유

Notion의 대표적인 활용법 중 하나는 메모를 작성하는 일입니다. 여러분은 작년에 본 영화의 내용을 기억하고 계신가요? 지난달에 먹었던 맛있는 음식, 아름답다고 느꼈던 풍경, 감명을 받았던 강의, 친구 관계에서의 고민 같은 것들 말이에요.

이런 일상의 기억을 선명하게 남기기 위해 우리는 메모를 합니다. 메모를 통해 시간이 지나면 잊힐지도 모를 소중한 기억들을 보존할 수 있습니다. 디지털 메모의 장점은 이런 소중한 기억들을 언제까지나 보관할 수 있다는 점입니다. 학창 시절, 짐이 될까 봐 버렸던 노트는 이제 더는 읽을 수 없죠. 물론 디지털 데이터라고 해서 영구적으로 남는다는 보장은 없지만, 적어도 생활 환경의 변화로 인해 사라질 가능성은 훨씬 적습니다. 겉보기에는 깔끔하고 단순해 보이는 Notion은 결코 단순한 메모장이 아닙니다.

공부를 위한 노트, 일상을 기록하는 일기, 스케줄을 관리하는 다이어리, 작업을 정리하는 포스트잇 등 다양한 용도로 활용할 수 있죠. 여러

분이 평소 사용하는 다양한 문구류를 Notion 하나로 대체할 수도 있습니다. 단순해 보이지만 무엇이든 할 수 있는 정말 대단한 도구입니다.

기억을 기록해 둘 수 있는 비망록

노슈니

페이지를 게시하면 Notion을 사용하지 않는 사람에게도 URL을 통해 실시간 업데이트 내용을 전달할 수 있어요.

'비망록(備忘錄)'은 잊지 않기 위해 중요한 내용을 기록해 둔 문서나 메모를 말합니다. **Notion을 비망록처럼 활용할 때 가장 큰 장점은 작성한 페이지를 다른 사람과 쉽게 공유할 수 있다는 점입니다.** 가끔 겪는 일들은 시간이 지나면 자연스럽게 잊히기 마련이죠. 하지만 이런 일들을 정리해 둘 수 있는 공간이 있다면 매번 같은 고민을 반복하지 않아도 됩니다. 예를 들어, 주변에 이사를 처음하는 사람이 있다면 여러분이 정리해 둔 Notion 페이지를 공유해서 실질적인 도움을 줄 수도 있습니다.

이사 준비 템플릿에 대한 자세한 내용은 184쪽을 참고하세요.

 노슈니

Notion에서 Ctrl or ⌘ +P를 누르면 기록된 내용을 검색하거나, 최근에 열었던 페이지로 빠르게 이동할 수 있어요.

또한, **정보를 쉽게 찾을 수 있다는 점도 Notion의 큰 장점 중 하나입니다.** 아무리 많은 정보를 메모해 두어도 필요할 때 원하는 내용을 찾지 못하면 무용지물이지만, Notion에서는 페이지 이름뿐만 아니라 '태그', '상태', '날짜' 등 다양한 속성을 추가하여 원하는 정보를 빠르게 검색할 수 있습니다.

 다양한 데이터 형식을 한 곳에!

다양한 정보와 도구를 다뤄야 하는 요즘, 어디에 어떤 정보가 있는지 헷갈린 경험이 한 번쯤은 있었을 것입니다. 업무상 주고받은 자료만 해도 이메일, Slack 메시지, 종이 문서, Google 드라이브 링크, 회의 영상 등 서로 다른 형식의 데이터가 여러 서비스에 흩어지기 마련이죠. 이럴 때 Notion이 해결사가 될 수 있습니다. Notion은 여러 도구와 데이터를 하나로 통합해 한곳에서 관리할 수 있는 도구입니다. PDF, 문서, 영상 같은 로컬 데이터부터 Google 지도, YouTube 링크까지, Notion은 다양한 형식의 데이터를 한곳에서 정리하고 관리할 수 있습니다. 데이터 형식이 달라도 문제없습니다.

 노슈니

무료 사용자는 한 번에 5MB까지만 업로드할 수 있어요. 용량이 큰 파일은 공유 드라이브의 링크로 전달하는 것을 추천합니다.

Notion은 레이아웃을 자유롭게 꾸밀 수 있어 색으로 페이지를 구분하거나, 단조로울 수 있는 문서에 활기를 불어넣는 아이콘을 사용하거나, 책장처럼 라벨을 붙이는 것처럼 속성을 활용해 정리할 수 있습니다. 또한, **데이터가 아무리 많아져도 Notion은 무한한 저장 공간을 제공하므로 걱정 없이 활용할 수 있습니다.**

 사용하는 앱을 더 단순하게

높은 자유도와 사용자 설정 기능 덕분에 Notion을 프로그래밍 없이 앱이나 웹 서비스들 제작할 수 있는 '노코드 노구'라고 부르기도 합니다. Notion은 Excel처럼 간단한 함수를 활용한 계산, 대량의 데이터 관리, 외부 서비스와의 연동 등 다양한 장점 덕분에 특정 앱이나 웹 서비스를 대체하기에 적합합니다. 예를 들어, 관람한 영화를 기록하는 영화 앱이나 매달의 지출을 기록하는 가계부 앱을 대체할 수 있는 것이죠. 이뿐만 아니라 일기, 레시피 정리, 일정 관리 등 활용 방법은 무

궁무진하며, 사용 방식에 따라 Notion은 다양한 앱으로 변신할 수 있습니다.

Notion은 지금 사용 중인 스마트폰의 여러 앱을 대신하기에 충분합니다. 이 책에서 소개하는 다양한 활용법을 참고해 여러분만의 Notion 사용법을 찾아보세요.

1.2 Notion의 인기 비결
Notion이 사랑받는 이유

학생부터 직장인까지, 이제는 많은 사람들이 Notion을 활용하고 있습니다. 다양한 디지털 메모 도구 중에서도 Notion이 유독 많은 인기를 끌고 있는 이유는 무엇일까요? 여기에서는 제가 실제 생활 속에서 사용하며 느낀 Notion이 사랑받을 수밖에 없는 이유를 소개합니다.

다양한 도구를 하나로

여러분은 업무나 개인 생활에서 어떤 도구를 사용하고 있나요? 일정은 'Google 캘린더', 회의록은 'Slack', 프로젝트의 작업 관리는 'Excel'로 정리하는 등 여러 도구를 번갈아 가며 사용하고 있다면, Notion을 한 번 활용해 보세요. Notion은 다음과 같은 다양한 도구들을 하나의 앱으로 통합할 수 있습니다.

- 개인 메모나 회의록 작성 도구
- 협업을 위한 작업 관리 도구
- 장기 프로젝트 일정 관리 도구
- 지식을 수집하는 Wiki 도구

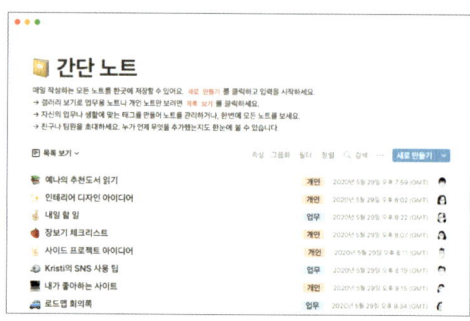 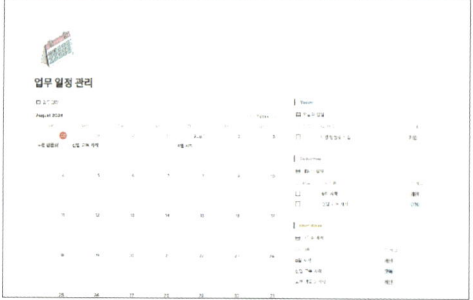
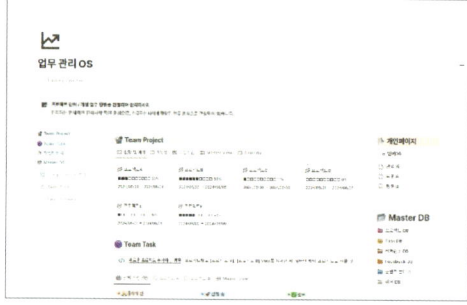 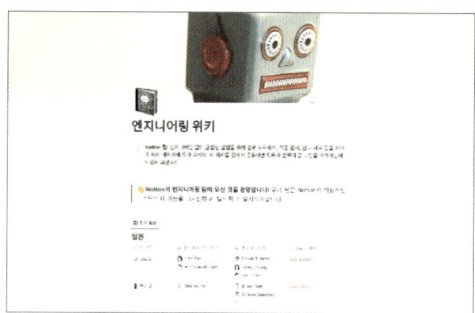

▲ 다양한 도구로 사용할 수 있는 Notion, 출처: Notion 홈페이지

 미니멀리즘에서 영감을 받은 Notion의 디자인

디자인이 좋아서 Apple 제품을 사용한다고 말하는 사람이 많습니다. Apple 제품은 기능성뿐만 아니라 그 심플한 디자인도 매력적인 요소입니다. 저 역시 Notion에서 비슷한 매력을 느낍니다. Notion의 심플한 디자인은 동양의 전통적인 미학에서 영감을 받았습니다. Notion의 CEO와 CTO는 조용한 환경에서 합숙하며 느낀 간결함과 세심한 배려의 철학을 디자인에 반영했고, 정돈된 아름다움과 사용자 중심의 접근 방식은 Notion의 핵심 요소로 자리 잡았습니다.

이것은 사소한 것 같지만 의외로 중요한 요소입니다. 만약 메모 앱을 열었을 때 오래된 느낌의 디자인이거나 색상이 지나치게 많아 복잡해 보인다면 쾌적하게 사용할 수 없을 것입니다. Notion은 이러한 디자인 요소를 매우 중시하며, 2022년에는 디자인 분야의 권위 있는 상을 수상해 그 높은 디자인 퀄리티를 인정받았습니다. Notion의 웹사이트만 보더라도 심플한 UI, 눈에 편안한 색감, 독창적인 일러스트 등 세세한 부분까지 신경 써서 제작했다는 것을 느낄 수 있습니다.

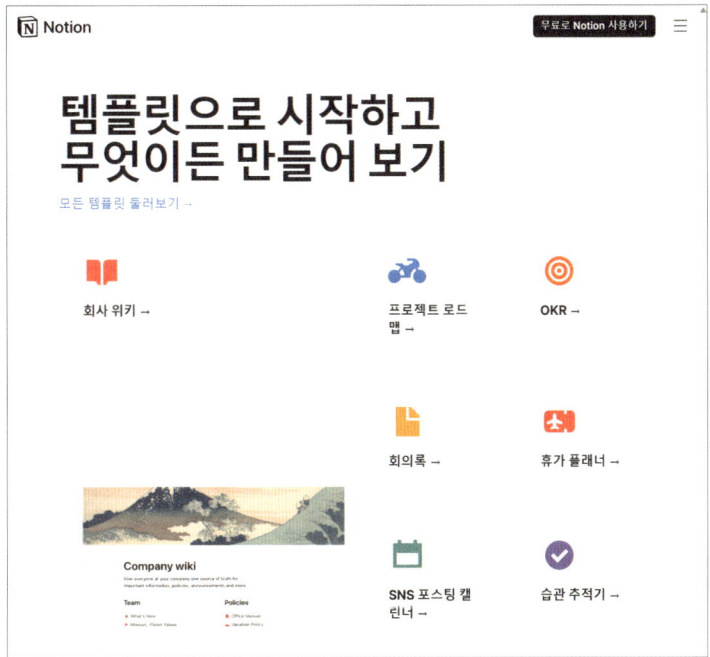

▲ 심플한 구성의 Notion 홈페이지

 **사용하는 기기를 가리지 않음**

아무리 사용하기 편리하더라도 기기 간 연동이 어렵거나 유료로 이용해야 하는 서비스라면 꾸준히 사용하기 어렵습니다. 컴퓨터나 스마트폰 등 여러 기기를 사용하는 것이 당연해진 지금, 특정 기기에서만 사용할 수 있다면 불편하다고 생각하기 마련이죠. 저도 Notion을 사용하기 전까지 여러 메모 도구를 사용해 봤지만, 이런 제약 때문에 Notion을 사용하게 됐습니다.

노슈니

집에서는 Mac으로, 출근길에는 iPhone으로, 사무실에서는 Windows에서 이어서 작업할 수 있어 작업 흐름이 끊기지 않아요.

Notion은 Mac이나 Windows에서 사용할 수 있는 브라우저 버전은 물론, iPhone, iPad, Android에서도 활용할 수 있는 앱을 제공합니다. 게다가 연동을 위한 추가 비용을 지불할 필요도 없습니다.

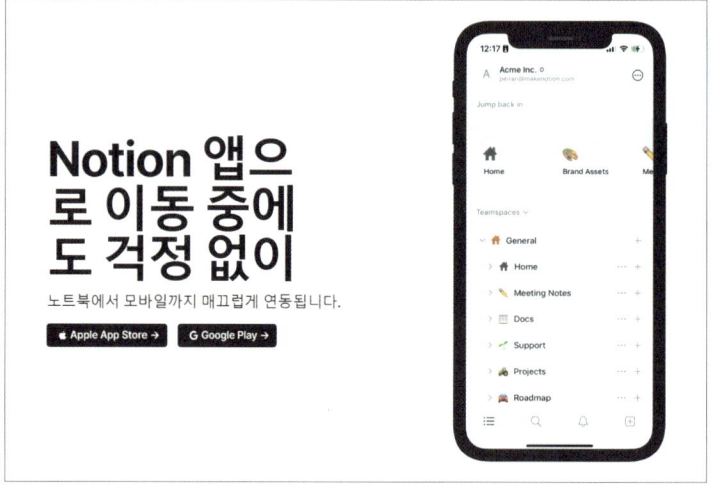

▲ 다양한 기기에서 사용할 수 있는 Notion

 편리한 공유

Notion은 템플릿과 페이지를 공유하거나 함께 편집할 수 있는 다양한 기능을 제공합니다. Notion에서 작성한 메모를 URL로 공유하거나, 여행을 계획할 때 친구를 초대해 일정표를 함께 작성할 수도 있습니다. 이러한 공유 기능은 개인적인 용도뿐만 아니라 업무에서도 매우 유용합니다. 예를 들어, 프로젝트 팀원과 일정을 공유하며 함께 브레인스토밍을 하거나, 회의 중에 회의록을 작성하면서 실시간으로 협력할 수 있습니다. 특히 멤버들의 아이콘이 움직이며, 현재 어디를 편집하고 있는지 시각적으로 확인할 수 있다는 점도 큰 장점입니다.

이 책에서 소개하는 템플릿은 바로 이 공유 기능을 활용한 대표적인 예시입니다. 제가 만든 Notion 템플릿을 여러분과 공유함으로써 동일한 템플릿을 복제해 활용할 수 있도록 했습니다. 예를 들어, 이사 준비 템플릿이나 습관을 쉽게 기록할 수 있는 습관 추적기 템플릿처럼 누군가가 미리 만들어 둔 템플릿을 그대로 활용하면 일상이 조금 더 편리해질 것입니다.

▲ 템플릿을 다양한 권한으로 공유 가능

▲ 여러 사람이 실시간으로 편집 가능

이사 준비 템플릿에 대한 자세한 내용은 184쪽, 습관 추적기 템플릿에 대한 자세한 내용은 107쪽을 참고하세요.

 ## 저렴한 가격

지금까지 Notion이 사랑받는 이유와 다양한 기능에 대해 알아 보았습니다. 일반적으로 이처럼 강력한 기능을 갖춘 서비스는 이용료가 높은 경우가 많습니다. 그러나 Notion은 지금까지 소개한 대부분의 기능을 무료로 사용할 수 있습니다. 부담 없이 시작할 수 있다는 점도 Notion의 큰 장점 중 하나입니다. 만약 팀에서 더욱 본격적으로 활용하고 싶다면, 유료 플랜을 통해 더 큰 용량의 데이터를 업로드하거나 보안 관련 기능을 추가로 이용할 수도 있습니다.

또한, **Notion은 교육 기관과 스타트업 지원에도 적극적으로 나서고 있어, 일부 유료 기능을 무료로 제공하거나 유료 버전을 체험해볼 기회도 있습니다.** 관심이 있다면 Notion 홈페이지를 확인해 보세요.

노슈니
대학 이메일 계정이 있으면 유료 기능을 무료 크레딧으로 체험해 볼 수 있어요.

▲ Notion의 요금제, 출처: Notion 홈페이지

Notion을 시작해 보세요
페이지와 블록 사용 방법

그럼, 지금 바로 Notion에 가입하고 사용해 봅시다. Notion은 브라우저 버전과 앱 버전이 있지만, 여기서는 브라우저 버전에서 가입하는 방법을 설명하겠습니다.

Notion 회원가입하기

❶ Notion 공식 사이트(www.notion.com/ko)에서 [**Notion을 무료로 사용하기**]를 클릭합니다.

❷ Notion 계정으로 사용할 이메일 주소와 비밀번호를 입력합니다. Google이나 Apple 계정으로 가입하면, 이름과 비밀번호 입력 과정을 생략할 수 있습니다.

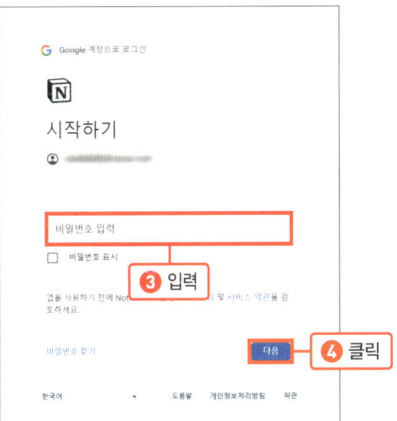

33

❸ 사용 목적에 맞는 항목을 선택합니다. 여기서 선택하는 항목에 따라 처음 제공되는 페이지가 달라지지만 무엇을 선택하든 기능이나 사용 방법은 변하지 않습니다.

 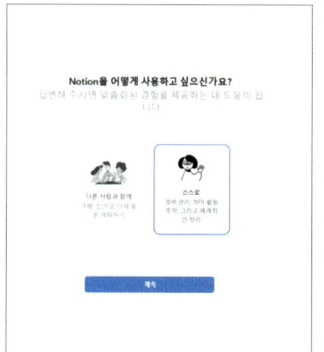 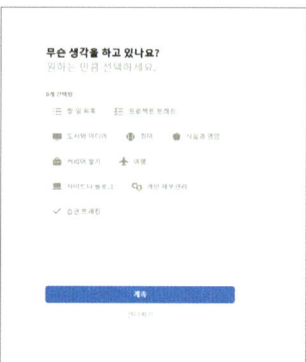

❹ 잠시 기다리면 시작 페이지가 나타납니다. 시작 페이지는 ❸에서 선택한 사항에 따라 다를 수 있습니다. Notion에서는 화면의 왼쪽 영역을 [사이드바], 화면 가운데 영역을 [페이지]라고 부릅니다. [사이드바]에서는 페이지 목록과 계층을 확인할 수 있고, [페이지]에서는 메모를 작성하고 확인할 수 있습니다.

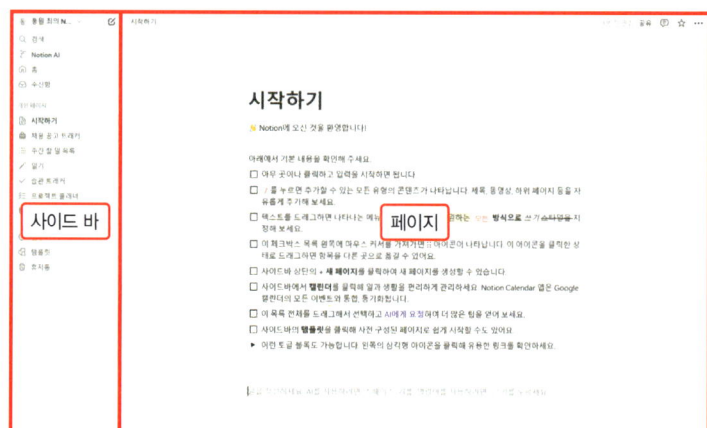

▲ Notion의 화면 구성

페이지 만들기

Notion에서는 각 메모를 [**페이지**]라고 합니다. 이제 첫 번째 페이지를 만들어 보겠습니다.

❶ [**사이드바**]의 [**+**]를 클릭합니다.

❷ 생성할 수 있는 새 페이지 목록이 표시됩니다. 여기서는 [**빈 페이지**]를 선택합니다.

35

❸ 새 페이지가 표시되면 페이지의 제목을 입력합니다. '일기', '할 일 목록' 등 페이지의 용도를 쉽게 이해할 수 있도록 적어보세요. 여기 서는 '새 페이지 만들기'를 입력했습니다.

❹ Notion은 별도의 폴더 기능을 제공하지는 않지만 페이지 안에 새 로운 페이지를 생성하는 계층 구조로 페이지를 체계적으로 관리할 수 있습니다. 이를 활용하면 특정 페이지에 연관된 내용을 하나의 흐름으로 구성할 수 있습니다.

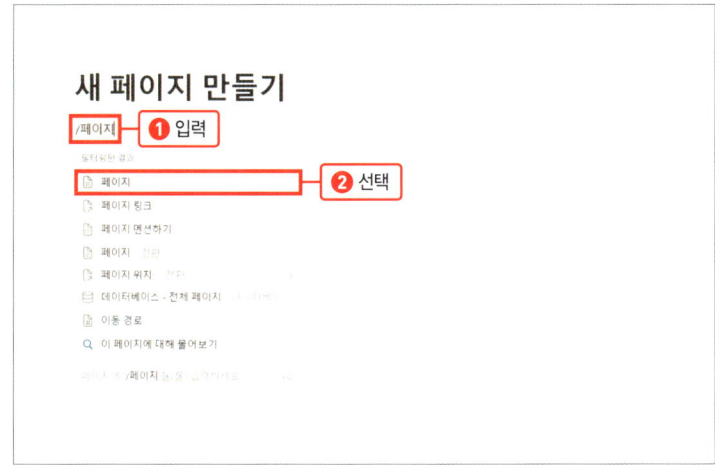

▲ 계층 구조로 페이지 관리하기

예를 들어, '※※ 업무'라는 페이지를 생성한 후 그 안에 '프로젝트 관리' 페이지를 추가하고, 다시 그 안에 '○○ 프로젝트', '■■ 프로젝트'와 같은 세부 페이지를 생성하면 '※※ 업무'와 관련된 하위 프로젝트를 체 계적으로 관리할 수 있는 것이죠. Notion의 계층은 개수 제한 없이 확 장할 수 있어, 필요에 따라 자유롭게 페이지를 구성할 수 있습니다.

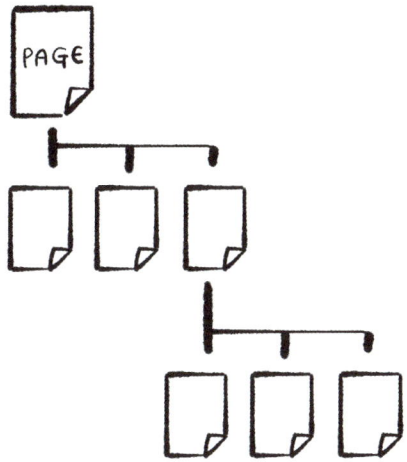

▲ Notion의 계층 구조

 블록 활용하기

Notion이 사랑받는 이유 중 하나는 간단한 텍스트뿐만 아니라 이미지, 표, 동영상, 지도 등 다양한 콘텐츠를 '블록' 형태로 삽입할 수 있기 때문입니다. 이러한 삽입 기능을 '임베드'라고 하며, 페이지 안에 여러 형태의 콘텐츠를 자연스럽게 삽입할 수 있습니다. 블록은 이름처럼 자유롭게 조합하거나 위치를 간단히 바꿀 수 있습니다.

블록은 위에서 아래로 한 줄로 배치할 수도 있고, 2열이나 3열로 구성할 수도 있습니다. 배치한 블록은 드래그만으로 쉽게 옮길 수 있어 직관적으로 조정할 수 있으며, 이를 활용해 자유롭게 페이지를 구성할 수 있습니다.

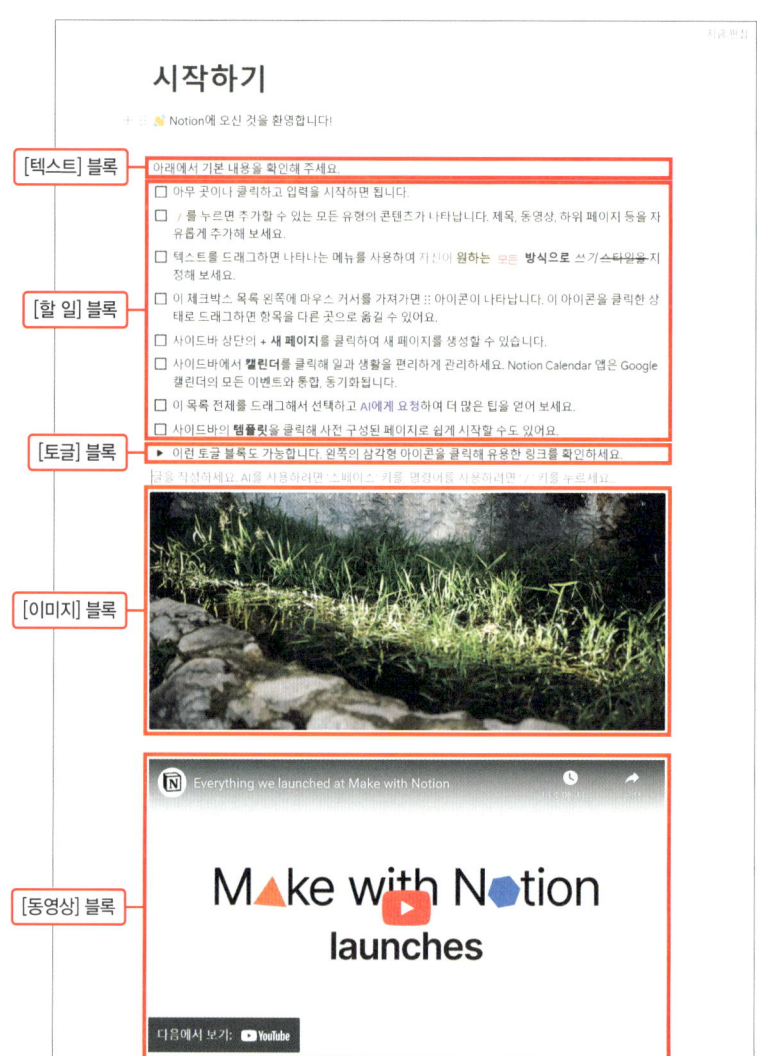

▲ Notion의 다양한 블록

블록의 종류도 매우 다양합니다. 기본적인 텍스트부터 제목, 할 일 목록, 여러 유형의 표, 다양한 외부 도구 연동까지 50개 이상의 블록이 제공됩니다. 이러한 블록을 활용하면 상상했던 다양한 형태의 페이지를 간단하게 만들 수 있습니다.

블록 추가하기

이제 페이지 안에 블록을 추가해 보겠습니다. 텍스트를 입력하려면 페이지 안의 빈 블록을 선택하고 원하는 텍스트를 입력하면 됩니다.

▲ 빈 블록 선택

▲ 텍스트 입력

특정 블록을 추가하려면 커서가 있는 위치에 나타나는 빈 블록의 [+]를 클릭하거나 '/'를 입력하면 표시되는 블록 목록에서 원하는 블록을 선택하면 됩니다. 다양한 블록을 조합해 나만의 개성 있는 레이아웃을 만들어 보세요!

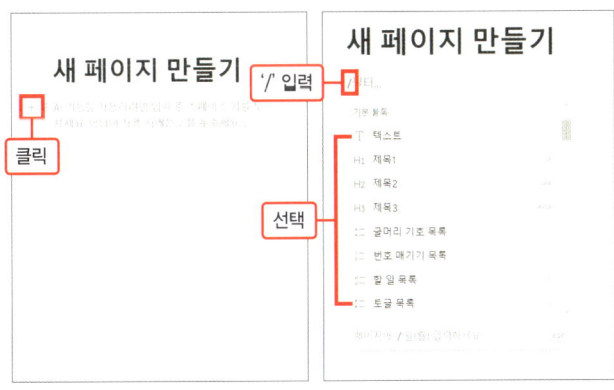

▲ [+] 클릭 또는 '/'입력하기 ▲ 블록 선택

 블록 정렬하기

페이지 안의 블록에 마우스 커서를 올리면 블록 핸들 □이 표시됩니다. 이 블록 핸들을 클릭한 후 드래그하면 블록의 위치를 변경할 수 있습니다.

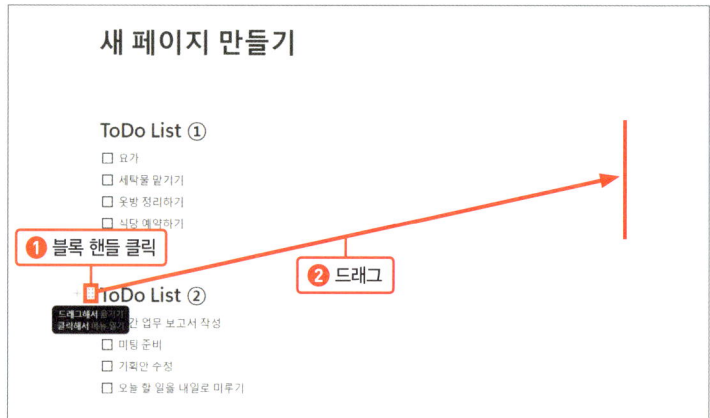

▲ 블록 핸들로 블록 정렬

블록 핸들을 클릭하여 페이지 끝으로 옮기면 페이지 안에 블록의 레이아웃을 2열, 3열로 변경할 수도 있습니다.

▲ 페이지 안에 블록 2열 배치

Notion의 핵심 요소
데이터베이스

Notion의 가장 중요한 주요 요소 중 하나는 바로 '데이터베이스'입니다. 데이터를 효율적으로 정리하고 보관할 수 있도록 도와주는 기능이죠. Notion의 페이지를 한 권의 책이라고 한다면, 데이터베이스는 그 책들을 체계적으로 관리할 수 있는 책장과 같습니다. 페이지를 무작위로 많이 만들다 보면 나중에 원하는 정보를 쉽게 찾기 어려워질 수 있습니다. 하지만 데이터베이스를 활용하면 여러 페이지를 효과적으로 관리하고, 한눈에 쉽게 확인할 수 있습니다.

 노슈니

데이터베이스의 가장 큰 장점은 '나만의 기준'으로 정보를 정리할 수 있다는 점입니다. 꼭 따라 하며 실습해 보세요.

 데이터베이스 만들기

이번에는 데이터베이스를 만들어 보겠습니다. 페이지 안의 빈 블록에서 [+]를 클릭하거나 '/'를 입력하면 [데이터베이스] 블록을 삽입할 수 있습니다. 데이터베이스는 여러 종류가 있지만, 어떤 데이터베이스를 삽입하든 나중에 원하는 데이터베이스로 변경할 수 있습니다.

❶ 페이지 안의 빈 블록에서 [+]를 클릭하거나 '/'를 입력합니다.

❷ 블록 목록에서 [데이터베이스 - 인라인]를 선택합니다. '/'를 입력한 다음 블록의 이름을 입력하면, 블록 목록에서 원하는 블록을 쉽게 찾아 삽입할 수 있습니다. 여기서는 '/데이터베이스'를 입력했습니다.

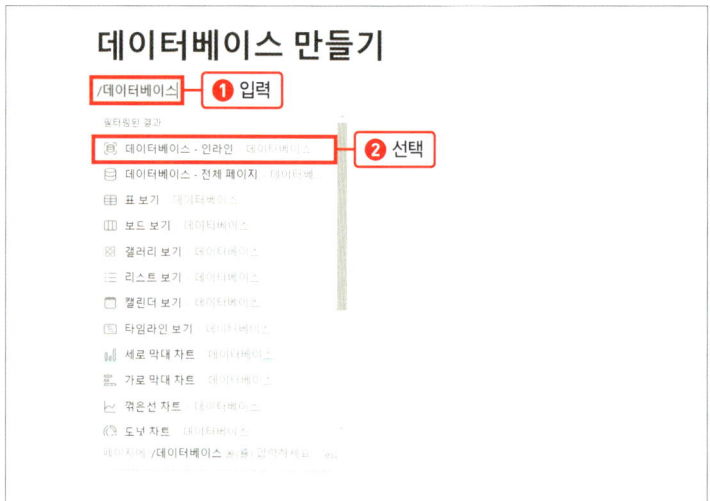

❸ 페이지에 데이터베이스가 삽입됩니다.

[데이터베이스-인라인]은 겉보기에는 단순한 Excel의 표처럼 보이지만, Notion의 여러 페이지를 모아 관리할 수 있는 형태입니다. 각 행의 ❶[+ 새 페이지]를 클릭해 원하는 이름을 입력하면 새로운 페이지가 삽입되고, 이렇게 삽입한 페이지의 ❷[열기] 버튼을 클릭하면 내용을 표시해 각 페이지를 하나씩 살펴볼 수 있습니다. 이처럼 각 행은 하나의 페이지로 구성되며, 표 형식으로 체계적으로 관리할 수 있습니다.

▲ 데이터베이스에 페이지 삽입

 데이터베이스 레이아웃 변경하기

Notion에서는 페이지에 삽입한 데이터베이스를 원하는 레이아웃으로 변경하여 편리하게 확인할 수 있습니다. 기본적으로는 표 형태로 삽입되지만, 사용 목적에 따라 [갤러리], [보드], [리스트], [타임라인], [캘린더] 등 다양한 레이아웃으로 변경할 수 있습니다.

예를 들어, Notion에서 사진이나 이미지를 주로 다룬다면 [갤러리], 일정이나 마감일 중심의 업무라면 [캘린더]나 [타임라인]을 사용하는 것이 더 효율적입니다. 이처럼 데이터베이스는 동일한 데이터를 다양한 방식으로 확인할 수 있기 때문에, 작업 목적이나 선호하는 방식에 맞게 레이아웃을 조정하면 Notion을 더욱 효율적으로 활용할 수 있습니다.

그럼, 앞에서 만든 데이터베이스의 [레이아웃]을 변경하는 방법을 알아보겠습니다.

❶ 데이터베이스 오른쪽 위에 있는 □를 클릭한 후 [레이아웃]을 선택합니다.

❷ [레이아웃]을 선택하면 다음 중 하나의 형식으로 데이터베이스의 레이아웃을 변경할 수 있습니다.

[표]: Excel과 비슷한 표 형태로 다양한 페이지를 정리할 수 있으며, 여러 속성을 추가할 수 있어 페이지를 체계적으로 관리할 때 유용합니다.

TIP
속성에 대한 자세한 내용은 46쪽을 참고하세요.

[**보드**]: 칸반(Kanban) 스타일의 보드 형식으로, 속성을 기준으로 그룹화하여 작업 흐름을 효과적으로 관리할 수 있습니다.

[**타임라인**]: 간트 차트 형태의 레이아웃으로 시작 및 종료 날짜를 설정하여 프로젝트 일정과 작업 기간을 한눈에 확인할 수 있습니다.

[**캘린더**]: 날짜 속성이 포함된 페이지를 달력 형태로 표시하며, 일정, 마감일, 이벤트 등을 관리하는 데 유용합니다.

[**리스트**]: 단순한 목록 형태로 페이지를 정리할 수 있으며, 표보다 간결한 형식으로 빠르게 정보를 확인할 때 적합합니다.

[**갤러리**]: 페이지를 카드 형식으로 보여주는 레이아웃으로 이미지나 미디어가 포함된 페이지(예 포트폴리오, 자료 정리)를 관리하는 데 적합합니다.

[**차트**]: 숫자 데이터를 시각화해 보여주는 형태로, 막대 그래프나 선 그래프 등으로 추세를 한눈에 파악할 수 있습니다.

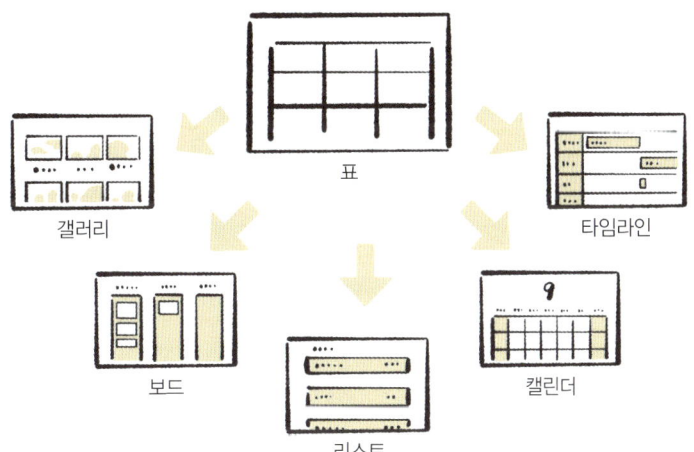

▲ Notion의 데이터베이스 레이아웃 유형

원하는 [**레이아웃**]을 선택하면 데이터베이스의 외형을 변경할 수 있습니다. 용도에 맞게 데이터베이스의 레이아웃을 변경해 보세요.

템플릿 활용도를 높이는
데이터베이스 주요 기능

1.5

Notion의 데이터베이스에는 페이지를 정리하기 위한 다양한 기능이 포함되어 있습니다. 여기서는 이 책에서 소개하는 템플릿에 사용된 주요 기능과 템플릿을 더 효과적으로 활용하기 위한 방법을 엄선하여 소개합니다.

 데이터베이스를 정리하기 위한 [속성]

서점이나 도서관에는 셀 수 없을 정도로 많은 책이 진열되어 있지만, 우리는 원하는 책을 쉽게 찾을 수 있습니다. 이는 출판사나 저자별로 책이 정리된 '색인(태그)' 덕분입니다. Notion의 데이터베이스에서도 이처럼 페이지를 정리하는 데 도움을 주는 [속성]이라는 기능이 있습니다. [속성]은 각 페이지에 태그, 날짜 등 다양한 정보를 추가할 수 있어 페이지가 많아져도 손쉽게 정리하고 검색할 수 있도록 도와줍니다.

데이터베이스에서 [+] 나 ☐을 클릭하면 속성을 추가할 수 있습니다.

속의 종류는 다양하므로 데이터베이스의 용도에 맞는 속성을 선택하면 됩니다.

유형
- 텍스트
- \# 숫자
- 선택
- 다중 선택
- 상태
- 날짜
- 사람
- 파일과 미디어
- 체크박스
- URL
- 이메일
- 전화번호
- ∑ 수식
- ↗ 관계형
- 롤업
- 생성 일시
- 생성자
- 최종 편집 일시
- 최종 편집자
- 버튼
- № ID

[텍스트]: 간단한 텍스트를 입력할 수 있는 기본 속성으로 메모, 설명, 요약 등을 추가할 때 유용합니다.

[\# 숫자]: 숫자를 입력할 수 있는 속성으로 소수점, 통화, 퍼센트 등의 형식을 지정할 수 있습니다.

[선택]: 미리 정의된 옵션 중 하나를 선택할 수 있는 속성으로 상태나 카테고리를 분류할 때 유용합니다.

[다중 선택]: 여러 개의 옵션을 선택할 수 있는 속성으로 태그나 관련 키워드를 추가할 때 적합합니다.

[상태]: 진행 상태를 관리할 수 있는 속성으로 할 일, 진행 중, 완료 등의 단계를 설정할 수 있습니다.

[날짜]: 특정 날짜나 기간을 입력할 수 있는 속성으로 일정 관리나 마감일 설정에 유용합니다.

[사람]: 특정 Notion 사용자를 태그할 수 있는 속성으로 담당자 지정이나 팀원 할당 시 유용함니다.

[파일과 미디어]: 파일, 이미지, 동영상 등을 첨부할 수 있는 속성으로 프로젝트 자료나 참고 이미지를 추가할 때 유용합니다.

[체크박스]: 참(☑) 또는 거짓(☐) 값을 입력할 수 있는 속성으로 할 일 목록이나 작업 완료 여부를 체크할 때 적합합니다.

[URL]: 웹사이트 링크를 입력할 수 있는 속성으로 외부 페이지를

참고하거나 연결할 때 유용합니다.

[📞 **전화번호**]: 전화번호를 입력할 수 있는 속성으로 연락처 정보를 저장하는 데 사용됩니다.

[Σ **수식**]: 숫자 계산, 텍스트 변환, 논리 연산 등을 수행할 수 있는 속성으로 동적인 데이터를 생성할 때 유용합니다.

[↗ **관계형**]: 다른 데이터베이스와 연결할 수 있는 속성으로 프로젝트와 담당자 또는 작업과 일정을 연계할 때 유용합니다.

[🔍 **롤업**]: [관계형] 속성과 함께 사용하여 연결된 데이터베이스에서 특정 정보를 가져올 수 있는 속성입니다.

[🕐 **생성 일시**]: 해당 페이지가 처음 생성된 날짜와 시간을 자동으로 기록하는 속성입니다.

[👤 **생성자**]: 해당 페이지를 처음 생성한 사용자를 자동으로 표시하는 속성입니다.

[🕐 **최종 편집 일시**]: 해당 페이지가 마지막으로 수정된 날짜와 시간을 자동으로 기록하는 속성입니다.

[🔘 **버튼**]: 클릭하면 특정 동작을 수행하는 버튼을 추가할 수 있는 속성으로 자동화된 작업을 실행할 때 유용합니다.

[№ **ID**]: 각 페이지에 고유한 식별자를 부여하는 속성으로 데이터베이스 내에서 특정 페이지를 구별할 때 사용됩니다.

속성을 기준으로 정리할 수 있는 [정렬]

Notion에는 사용자가 추가한 속성을 기준으로 페이지의 순서를 변경할 수 있는 [정렬] 기능이 있습니다. [정렬] 기능을 사용하면 페이지가 많아진 데이터베이스의 순서를 정리하여 더 보기 쉽게 만들 수 있습니다.

▲ 페이지 순서를 변경할 수 있는 정렬

여기에서는 [**읽은 날짜**]를 [**오름차순**]으로 정렬했습니다. 이렇게 하면 페이지가 지정한 순서대로 정렬됩니다.

▲ 원하는 속성을 기준으로 정렬

디지털 책장 템플릿에 대한 자세한 내용은 130쪽을 참고하세요.

원하는 페이지만 표시할 수 있는 [필터]

데이터베이스의 페이지가 많아지면 원하는 페이지를 찾는 일이 점점 어려워질 수 있습니다. 이런 때 [**필터**] **기능을 사용하면 원하는 페이지만 데이터베이스에 표시할 수 있습니다.**

기록의 핵심은 접근성입니다. 필요한 순간 필터 기능을 활용해 원하는 정보를 빠르게 찾고 활용할 수 있습니다.

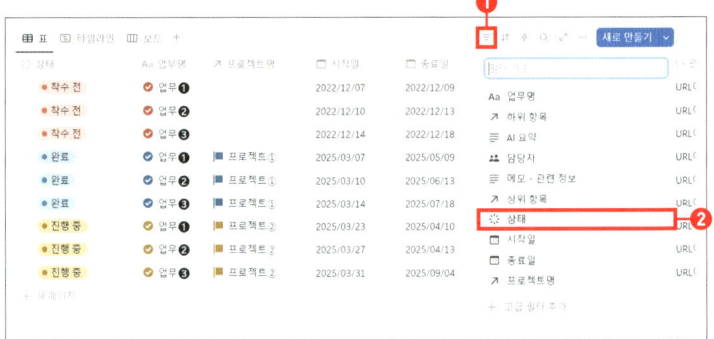

▲ 원하는 페이지만 표시할 수 있는 필터

예를 들어 '상태'가 '진행 중'인 페이지만 표시하거나, '시작일'이 '이번 년'인 페이지만 표시하는 식으로 활용할 수 있습니다.

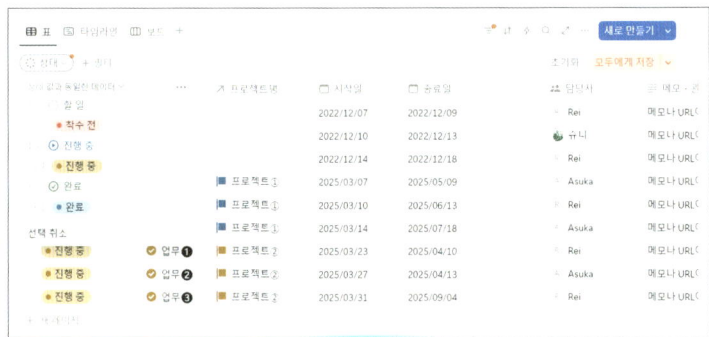

▲ 필터링할 속성 선택

▲ 상태가 [진행 중]인 페이지만 표시

프로젝트 관리 템플릿에 대한 자세한 내용은 263쪽을 참고하세요.

속성별로 구분할 수 있는 [그룹]

일기를 월별로 표시하고 싶다거나 연락처를 회사별로 표시하고 싶다면 [**그룹**] 기능을 사용해 보세요. 설정한 속성에 따라 페이지를 나누어 표시할 수 있습니다.

그룹을 만들려면 ❶데이터베이스의 ⋯-[**그룹화**]을 선택하세요. 그러면 ❷그룹화할 기준의 속성을 선택하여 그룹으로 표시할 수 있습니다.

▲ ⋯-[그룹화] 선택

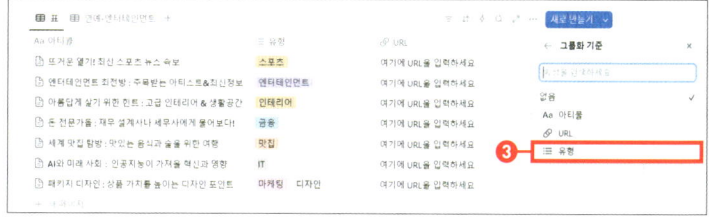

▲ 그룹화 기준 선택

여기서는 페이지를 콘텐츠의 종류별로 그룹화했습니다.

▲ 선택한 속성별로 그룹화

서로 다른 데이터베이스를 묶을 수 있는 [연결]

Notion에서는 서로 다른 두 개의 데이터베이스를 연결할 수도 있습니다. 예를 들어, 요리 레시피를 관리하는 템플릿의 '레시피 목록' 데이터베이스와 '재료 목록' 데이터베이스를 연결하면, 레시피를 추가할 때 필요한 재료를 선택할 수 있습니다.

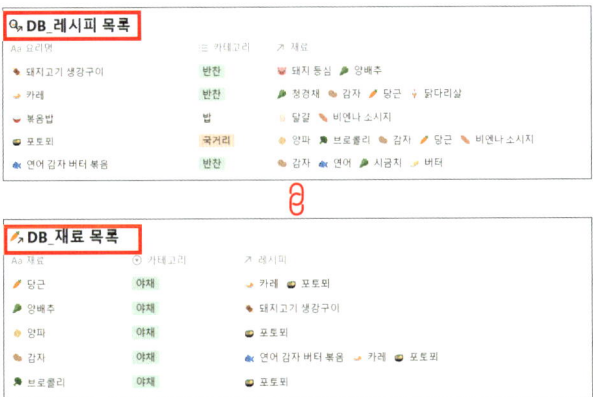

▲ 서로 다른 데이터베이스 연결

데이터베이스를 연결하려면 ❶▭-[속성]-[새 속성]-[관계형]을 차례대로 선택합니다. 그런 다음 ❷연결할 데이터베이스를 선택하고 ❸[관계형 추가]를 선택하면 됩니다. 만약 연결된 데이터베이스에 페이지 삽입한 속성도 함께 표시하고 싶다면, [연결]과 [롤업] 속성을 추가해 보세요.

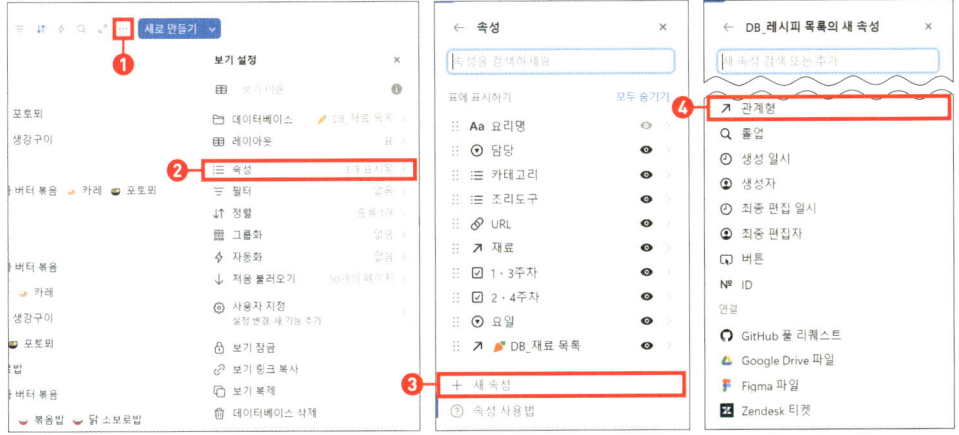

▲ ▭-[속성]-[새 속성]-[관계형] 선택

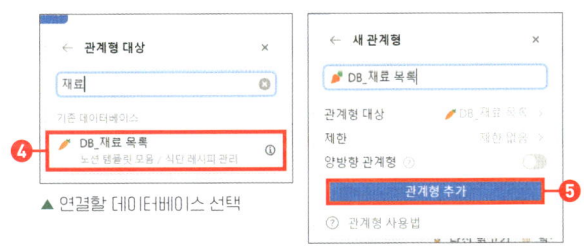

▲ 연결할 데이터베이스 선택

 **다른 위치에 표시하는 [연결된 데이터베이스 보기]**

자주 사용하는 페이지를 모아 나만의 홈 화면 템플릿을 만들기 위해 이미 만든 데이터베이스를 다른 페이지에도 표시하고 싶다면 **[연결된 데이터베이스 보기]** 기능을 사용해 보세요. 다른 페이지에 기존의 데이터베이스를 배치할 수 있습니다.

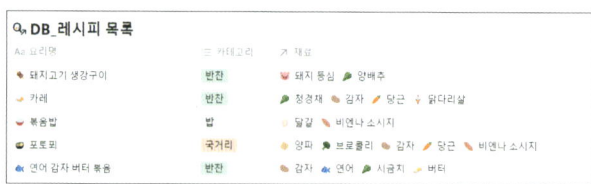

▲ 같은 데이터베이스를 여러 곳에 표시

사용 방법은 굉장히 간단합니다. ❶연결하려는 데이터베이스를 선택하고 ⋯-[보기 링크 복사]를 클릭한 다음 ❷다른 페이지에 붙여 넣은 후 ❸[연결된 데이터베이스 보기]을 선택하면, 해당 데이터베이스를 다른 위치에서도 표시할 수 있습니다. 물론 데이터베이스는 서로 연결되어 있으므로 어느 쪽에서든 업데이트가 가능합니다.

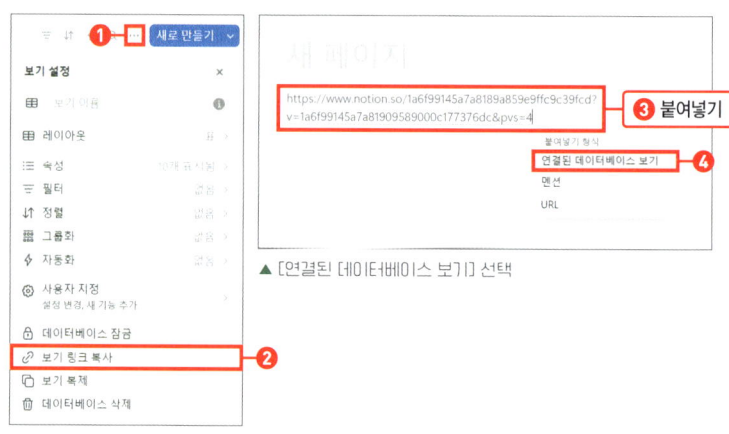

▲ [보기 링크 복사] 선택

▲ [연결된 데이터베이스 보기] 선택

1.6

본격적으로 Notion을 사용해 봐요
템플릿 사용 방법

지금까지 Notion의 매력과 기본적인 사용법을 살펴 보았습니다. 하지만 막상 텅 빈 Notion 화면을 마주하면, 어떤 페이지를 만들어야 할지 막막해 손이 쉽게 움직이지 않을 수도 있습니다. Notion은 유용한 기능이 많고 활용 범위가 넓은 만큼, 어떻게 사용해야 할지 고민하는 분들도 많습니다. 가장 중요한 것은 Notion의 모든 기능을 세세히 익히는 것이 아니라, Notion을 활용해 무엇을 할 것인지 고민하는 것입니다.

이제 본격적으로 Notion의 구체적인 활용 방법을 하나씩 알아보며 제가 직접 사용해 온 Notion 템플릿과 활용법을 소개합니다. 이 책에서 제공하는 템플릿은 모두 [복제]할 수 있습니다. 마음에 드는 템플릿이 있다면 복제한 다음, 책을 참고하며 직접 Notion을 사용해 보세요! 템플릿은 각 소개 페이지의 QR 코드를 스캔하여 간단하게 복제할 수 있습니다.

❶ 스마트폰이나 태블릿으로 QR 코드를 스캔합니다.
❷ Notion 템플릿의 오른쪽 위에 있는 [복제]를 클릭합니다.

❸ 내 계정의 Notion에 템플릿이 복제됩니다.
❹ 이제 자유롭게 템플릿을 편집할 수 있습니다.

이 책에서 복제할 수 있는 다양한 템플릿을 한곳에 모아 정리할 수 있는 템플릿도 준비했습니다! 함께 활용하며 복제할 때의 팁도 참고해 보세요.

인터뷰
매일 성장하는 삶을 기록하는 기록가 연

안녕하세요, 매일 성장하는 삶을 위해 계획하고 기록하는 것을 소중하게 생각하는 기록가 연입니다. 저는 일상의 실천 도구로 Notion을 적극적으로 활용하고 있습니다. 'Notion을 통해 어떻게 하면 더 나은 하루를 만들 수 있을까?'라는 질문을 품고, 다양한 템플릿과 기능을 탐구하며 나만의 기록 방식을 찾아가고 있어요. 매 순간을 더 의미 있게 남기기 위해 오늘도 Notion과 함께합니다.

 **Notion을 사용하기 시작한 계기는 무엇인가요?**

Notion을 처음 사용하게 된 건 대학교 신입생 때였어요. 고등학교와는 달리, 숙제나 시험을 일일이 챙겨주는 사람이 없고 모든 걸 스스로 계획하고 실천해야 한다는 점이 설레면서도 한편으로는 막막하게 느껴졌죠. '내가 잘 해낼 수 있을까?' 하는 걱정도 들었고요. 그래서 저는 그 불안함을 정리하고자 Notion을 활용하기 시작했어요. 일정, 과제, 시험, 강의 정리 등 대학 생활의 모든 정보를 한 공간에 체계적으로 정리할 수 있다는 점이 무척 마음에 들었죠. 처음에는 단순히 할 일 관리만 했는데, 시간이 지나면서 나만의 학습 시스템을 만들고, 정리한 노트를 기반으로 친구들과 자료를 공유하기도 했어요. 그렇게 자연스럽게 Notion이 제 일상에 자리 잡게 되었고 지금까지도 꾸준히 함께하고 있답니다. 하하!

Notion을 주로 어떤 목적으로 사용하고 있나요?

저는 제 삶을 체계적으로 관리하기 위해 Notion을 마치 삶의 나침반처럼 사용하고 있어요. 매년 이루고 싶은 목표를 설정하고, 그 목표를 향해 나아가기 위한 구체적인 계획을 세운 뒤 차근차근 실행에 옮기려고 노력하고 있죠. 가끔은 '내가 왜 이걸 하고 있지?'라는 생각이 들 때가 있는데, Notion에 기록된 나의 목표와 과정들을 다시 들여다보면 마음이 정리되고 방향이 다시 또렷해져요. Notion을 활용하면서 삶의 중심을 잃지 않고, 목표에 더 빠르고 정확하게 다가갈 수 있다는 점이 참 만족스럽습니다.

Notion을 더 잘 활용할 수 있는 팁이 있나요?

조금 의외일 수도 있지만, 'Notion을 효과적으로 활용해야지!'라는 생각을 잠시 내려놓아 보세요. 저는 Notion을 단순히 기능을 잘 다루는 것이 아니라, 목표를 이루기 위한 도구로 생각하고 있어요. 기능에만 집중하다 보면 오히려 중요한 본질을 놓치게 될 수도 있거든요. 그래서 저는 Notion을 사용할 때마다 '지금 내가 해결하고 싶은 문제는 무엇일까?', 그리고 '그 문제를 Notion으로 풀어갈 수 있을까?'를 먼저 생각해 보려고 해요. 이렇게 접근하면 부담 없이 자연스럽게, 그리고 나만의 방식으로 Notion을 활용할 수 있는 방법을 스스로 발견하게 되더라고요. 꼭 잘 써야 한다는 생각보다는 Notion을 필요한 걸 찾고 해결하는 데 도움을 주는 도구라고 생각하면 훨씬 편하게 다가갈 수 있어요.

Notion을 입문자에게 어떤 사용 방법을 추천하고 싶나요?

먼저, 다른 사람들이 Notion을 어떻게 사용하는지 많이 살펴보는 것을 추천해요. Notion은 자유도가 높은 도구라서 처음 접하게 되면 어떻게 활용해야 할지 막막하게 느껴질 수 있거든요. 그래서 저는 다양한 활용 사례를 찾아보면서 참고했어요. 특히 다른 사람들이 어떤 방식으로 Notion을 쓰고 있는지를 보면서, '이건 나에게 필요하겠다!' 싶은 요소들을 골라 하나씩 따라 해 보는 것이 정말 많은 도움이 되었어요. 저도 Notion을 처음 접했을 때는 여러 가지 방법을 시도해 봤는데, 그중에서도 누군가의 방식이나 구조를 보고 그대로 따라 해 보는 과정이 가장 효과적이더라고요. 그렇게 하다 보면 점차 나에게 맞는 방식이 무엇인지 자연스럽게 알게 되고, Notion에 대한 이해도도 높아지게 됩니다.

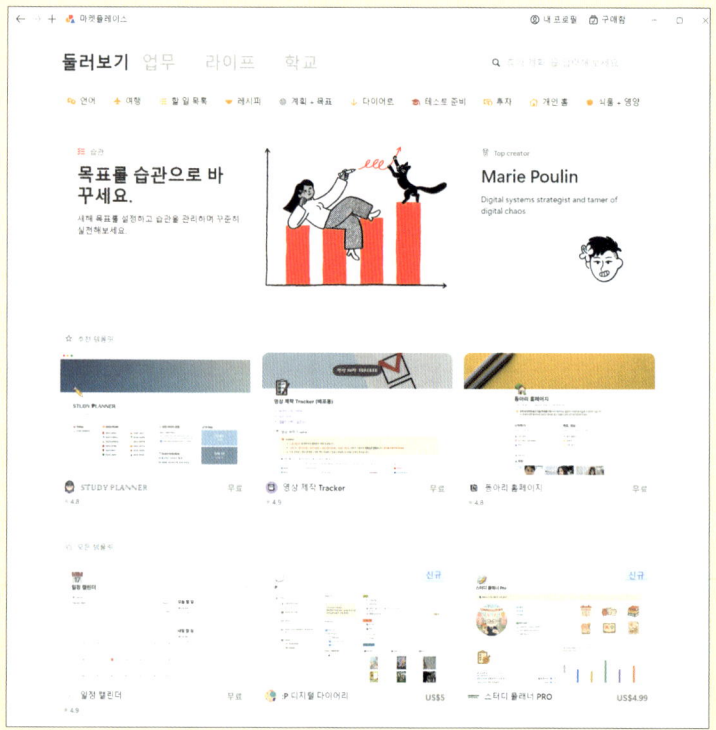

▲ 다양한 템플릿을 살펴볼 수 있는 Notion 마켓플레이스

 직접 만들어 애용하는 Notion 템플릿을 소개해 주세요

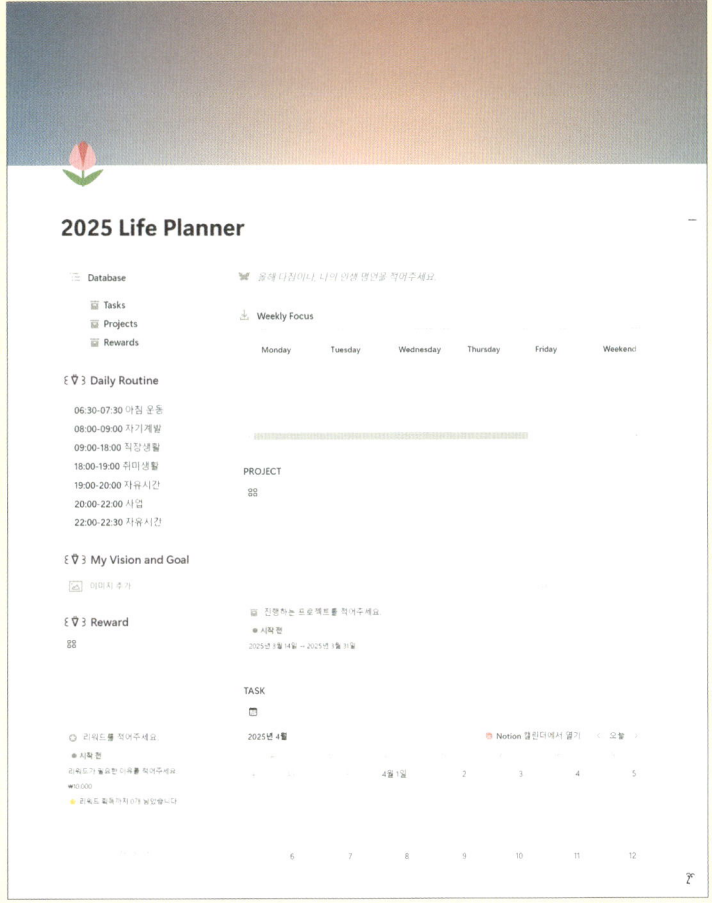

▲ Life Planner

제가 애용하는 템플릿은 'Life Planner'입니다. 이 템플릿은 매년 한 해를 계획하고 기록하는 용도로 사용하는데요, 2020년부터 지금까지 수차례의 시행착오를 거치며 저만의 스타일에 가장 잘 맞도록 지속적으로 수정하고 보완한 결과물이에요.

Notion의 다양한 기능들을 최대한 활용해서, 삶을 좀 더 체계적이고 효율적으로 관리하기 위해 고민하며 직접 설계한 템플릿입니다. 제가 이루고 싶은 장기적인 목표나 진행 중인 프로젝트를 중심으로 이를 달성하기 위해 필요한 세부적인 할 일들을 정리해 두고, 목표를 완수했을 때는 나 자신에게 주는 소소하지만 의미 있는 보상도 함께 기록해 두고 있어요.

이 템플릿은 단순히 업무나 일정을 관리하는 도구를 넘어, '어떻게 하면 Notion을 활용해 더 나은 삶을 살 수 있을까?'라는 고민에서 출발한 템플릿입니다. 스스로의 방향성과 동기를 잃지 않기 위해 언제든 돌아볼 수 있는 나만의 삶의 지도 같은 도구로 자리 잡았죠.

템플릿 설명과 영상 가이드도 함께 준비했으니, 많은 분들이 이 템플릿을 활용하시면서 저와 함께 조금씩 더 나은 삶을 향해 나아가실 수 있기를 바랍니다.

연의 추천 포인트

❶ **통합적인 정보 관리**: 다양한 정보를 Notion이라는 공간에 체계적으로 정리할 수 있어요.

❷ **삶의 방향을 잡아주는 도구**: 목표를 설정하고 해결 과정을 기록하며 삶의 중심과 방향을 유지할 수 있어요.

❸ **개인 목적에 맞춘 유연한 활용**: 기능보다 해결하고 싶은 문제에 집중해 자신만의 방식으로 활용할 수 있어요.

Chapter 2

대표적인 사용법

2.1 메모 템플릿
메모를 더 쉽게 작성할 수 있는 환경 고민하기

Notion의 기본적인 기능과 사용 방법을 소개했지만, 아직도 'Notion을 이렇게 사용하는 것이 맞을까?' 하는 의문을 가질 수도 있습니다. Notion은 빈 화면에서 시작하는 도구이므로 사용자에 따라 활용도가 얼마든지 달라질 수 있습니다. 아직 Notion이 어렵게 느껴지는 당신을 위해 Notion의 대표적인 사용 방법 중 하나인 '메모 템플릿'을 활용하여 Notion을 더 편리하게 설정하는 방법을 알아보겠습니다. 메모를 효율적으로 정리하면 Notion을 더욱 쉽게 활용할 수 있습니다. 먼저, Notion에서 메모를 작성하기 좋은 환경을 만드는 것부터 시작해 봅시다.

> **Rei**
> 메모를 작성할 장소를 한 번 정해두면, Notion이 훨씬 더 사용하기 편리해집니다!

 데이터베이스와 계층은 단순하게 구성하세요

Notion으로 다양한 메모를 작성하고 싶다면, 템플릿을 어떻게 구성하는 게 좋을까요? 단순하게 '업무'나 '개인'처럼 원하는 카테고리별로 페이지를 만들어 그 안에 메모를 작성하는 방식입니다. 그리고 이는 Notion의 기본적인 사용 방법 중 하나이기도 하지요. 하지만 이런 경우, 메모를 작성하기 전에 어떤 카테고리에 메모하는 것이 좋을지 매번 고민하거나, 작성한 메모를 찾기 어렵게 될 가능성도 있습니다.

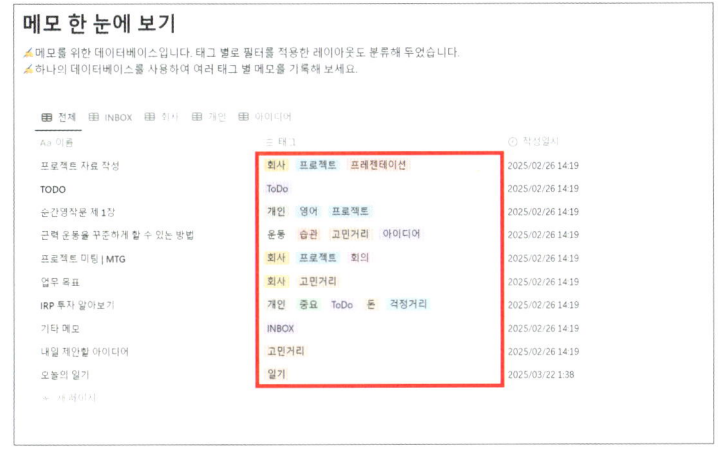

▲ 태그로 메모 관리

이 템플릿은 메모를 한곳에서 작성하고, [속성](태그)를 활용해 정리하는 방식을 기반으로 만들어졌습니다. 이 방법을 사용하면 Notion을 더 간편하게 활용할 수 있으며, Notion을 처음 시작하는 분들에게 추천하는 사용 방법 중 하나입니다.

 데이터베이스에 새 페이지를 추가해 봅시다

우선 템플릿을 복제해 실제로 사용해 보세요. 데이터베이스의 [새 페이지]를 클릭하면 새 메모를 생성할 수 있습니다.

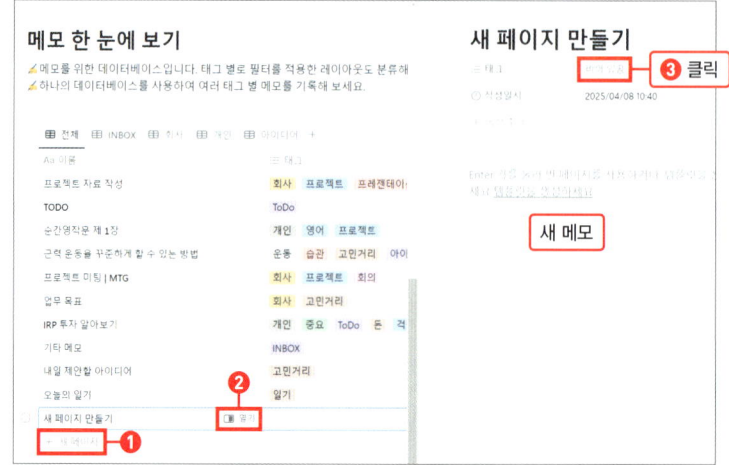

▲ 새 메모 생성

메모의 종류가 정해져 있다면 태그에서 원하는 [속성]을 선택해 보세요. 템플릿에는 다양한 메모를 저장하는 'INBOX', 인사이트가 있는 글을 기록하는 '영감', 업무나 개인 활동과 관련된 '아이디어' 등을 준비해 보았습니다.

▲ 추가할 태그 선택　　　▲ 페이지에 태그 표시

템플릿의 [속성]은 어디까지나 예시이므로, 원하는 방식으로 자유롭게 태그의 [속성]을 수정해 사용하는 것을 추천합니다.

 **태그로 필터를 적용해 보세요**

데이터베이스 위의 탭에서는 원하는 태그로 필터링된 레이아웃을 자유롭게 추가할 수 있습니다. 예를 들어, 태그가 '고민거리'인 메모만 표시할 수 있죠. 이제 원하는 태그가 적용된 레이아웃을 직접 추가하는 방법을 알아보겠습니다.

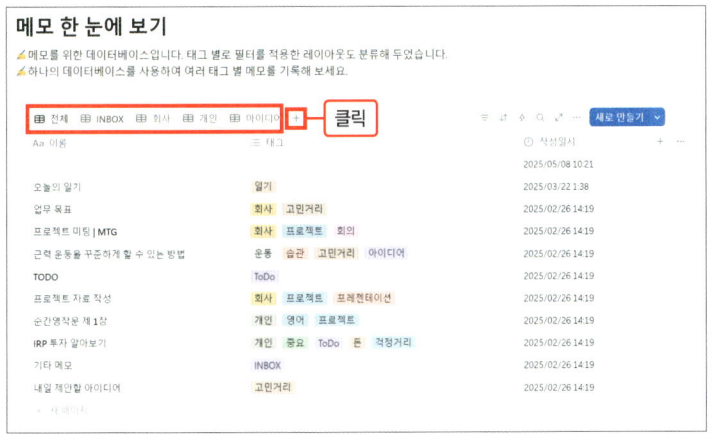

▲ 태그로 레이아웃 추가

❶ 데이터베이스의 탭 오른쪽에 있는 [+]를 클릭한 다음 [새 보기]에서 [표]를 선택합니다.

❷ 새로 생성한 표 레이아웃의 [필터]에서 필터링하려는 태그를 선택합니다.

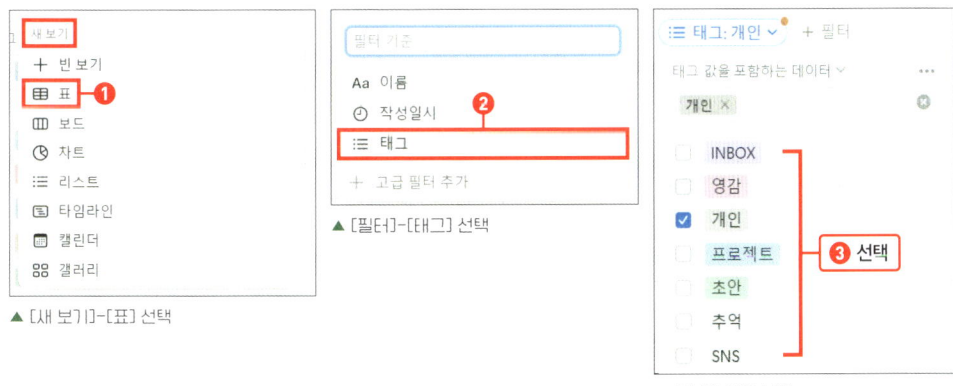

❸ 데이터베이스를 깔끔하게 정리하려면 데이터베이스 제목의 □를 클릭한 다음 [**데이터베이스 제목 숨기기**]를 선택하세요.

▲ 데이터베이스 제목 숨기기

이렇게 하면 해당 태그의 메모만 표시되는 레이아웃이 완성됩니다.

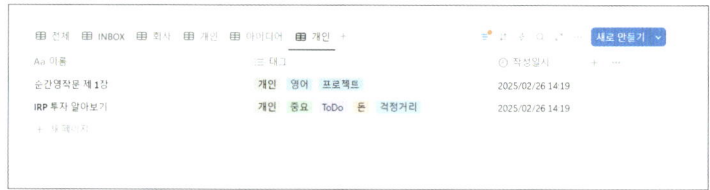

▲ 특정 태그로 레이아웃 추가

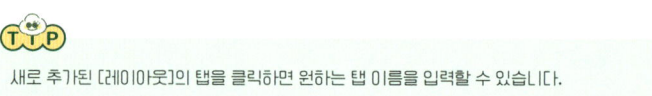
새로 추가된 [레이아웃]의 탭을 클릭하면 원하는 탭 이름을 입력할 수 있습니다.

 마음에 드는 레이아웃은 페이지로 저장해 보세요

메모 템플릿에 필터를 적용하여 정리한 [**레이아웃**]을 개별 페이지로 만들 수 있습니다. 메모의 태그가 미리 정해져 있는 경우에 유용합니다. 페이지를 만드는 방법도 간단합니다.

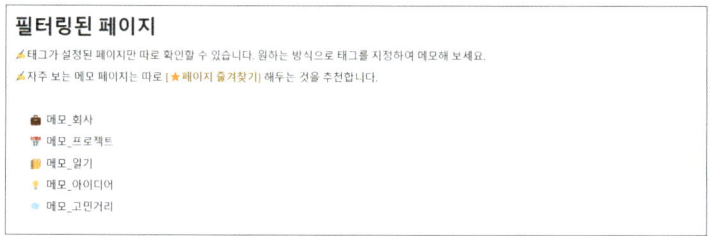

▲ 태그별 페이지

❶ 빈 블록에서 [+]를 클릭하여 [페이지]를 선택하거나 '/페이지'를 입력하여 새 페이지를 만듭니다.

❷ 새 페이지가 표시되면의 빈 블록에서 [+]를 클릭하거나 '/'를 입력하여 [표 보기 · 데이터베이스]를 삽입합니다.

❸ [새 데이터베이스]의 [데이터베이스 추가 또는 연결]에서 'DB_메모 한 눈에 보기'을 선택하면 저장된 메모 목록이 표시됩니다.

❹ 이제 페이지로 만들 메모의 태그로 필터링합니다.

❺ 페이지 제목을 입력합니다.

노슈니
즐겨찾기한 페이지는 모바일 위젯으로 활용할 수 있어요.

이렇게 페이지를 만들면 사이드바에도 메모 페이지가 표시되어 간편하게 접근할 수 있으며 페이지가 많을 경우 **자주 접근하는 페이지를 즐겨찾기 해두면 사이드바의 [즐겨찾기]에 표시할 수도 있습니다.**

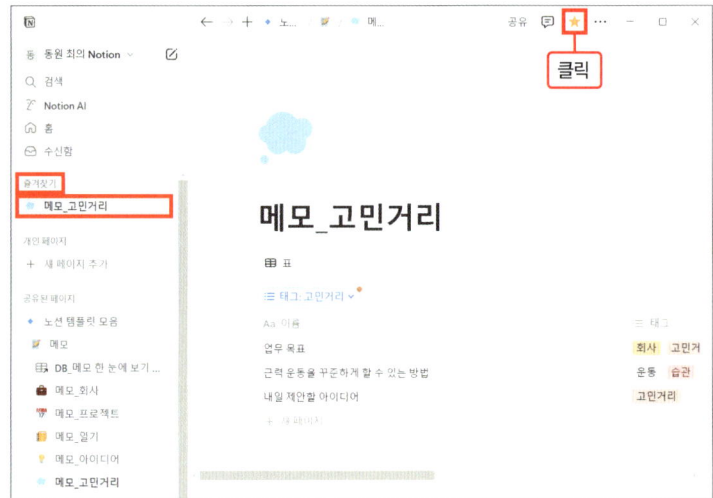

▲ 사이드바의 [즐겨찾기]에 고정

✓ 메모 데이터베이스는 하나로 통합하세요.
✓ 메모의 태그로 필터를 적용하세요.
✓ 레이아웃은 페이지로 저장할 수 있어요.

2.2 홈 템플릿
나만의 홈 화면 만들기

Notion을 사용하다 보면 템플릿이 점점 많아져 관리가 어려워질 수 있습니다. 물론 사이드바에서 정리할 수도 있지만, 한곳에서 모든 것을 관리할 수 있는 '대시보드' 같은 공간을 만들면 Notion을 더욱 편리하게 활용할 수 있습니다. 대시보드란, 자동차의 계기판처럼 각종 정보나 문서를 한눈에 파악할 수 있도록 디자인된 템플릿입니다. 이를 활용하면 여러 템플릿을 효율적으로 정리하고 빠르게 접근할 수 있습니다. 여기서는 홈 화면 템플릿을 예로 들어, 페이지를 디자인하는 요령과 함께 한곳에 정리해 두면 유용한 템플릿들을 소개하겠습니다.

 Rei
즐겨 사용하는 템플릿과 데이터베이스를 한곳에 모아두면 접근이 편리해지고 기분도 좋아지니 추천합니다!

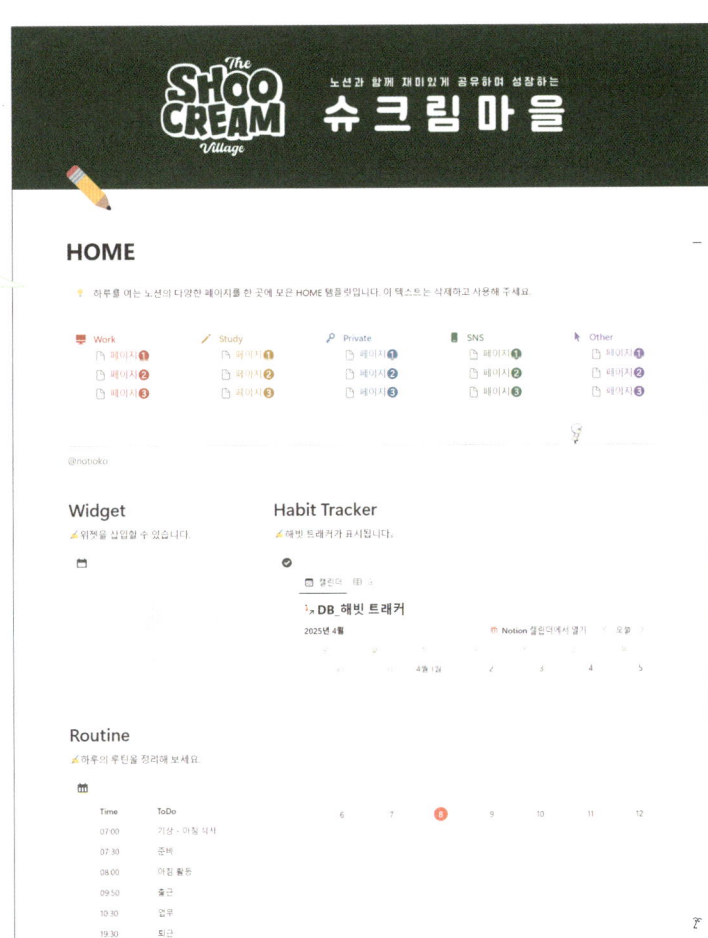

페이지를 분할해 보세요

홈 화면 템플릿은 하나의 페이지를 분할하여 레이아웃을 구성했습니다. Notion의 빈 블록에서 '/'를 입력한 후, 분할할 열의 개수를 입력하면 해당 숫자만큼 페이지를 분할할 수 있고 '/열'을 입력하면 분할할 열의 개수를 직접 선택할 수도 있습니다.

▲ 페이지 분할

또한, 분할하고 싶은 블록을 열의 시작 부분이나 끝 부분으로 드래그하여 페이지를 분할할 수 있습니다.

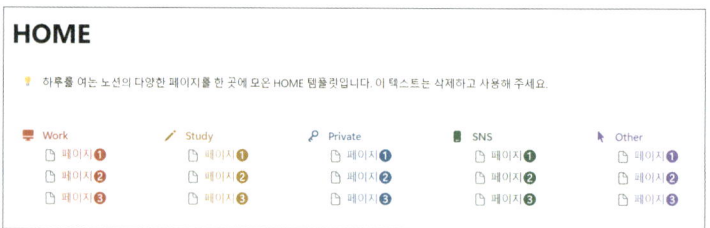

▲ 5열로 분할된 페이지

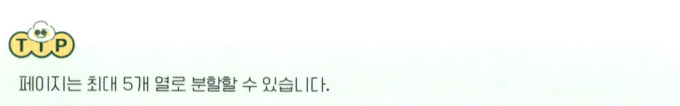

페이지는 최대 5개 열로 분할할 수 있습니다.

Notion에서는 '위젯' 등 외부 웹 사이트의 HTML을 임베드할 수 있습니다. 이 기능을 활용하면 X(구 Twitter)를 비롯한 SNS 서비스, 시계, 달력, 날씨 등의 외부 웹 사이트를 Notion에 임베드하여 홈 화면을 더욱 확장할 수 있습니다. 여기에서는 시계 위젯을 임베드했습니다. 여러분도 좋아하는 서비스나 위젯을 찾아 직접 임베드해 보세요. **포털 사이트에서 'Notion 위젯'을 검색하면 다양한 위젯 제공 사이트를 확인할 수 있습니다.**

▲ 외부 위젯 임베드

▲ 기본 위젯　　▲ 다양한 위젯 모음　　▲ 타임트래커 위젯　　▲ 화려한 위젯

 Notion으로 습관을 관리해 보세요

'Widget' 아래에는 하루의 습관과 루틴을 관리할 수 있는 공간을 마련했습니다. 자신의 생활 리듬이나 매일 하고 싶은 습관을 여기에 메모해 두면 자연스럽게 의식할 수 있을 것입니다.

오른쪽에는 'Habit Tracker'를 배치했습니다. 한 달의 Habit Tracker가 캘린더로 표시되며, 여기에서 직접 체크를 할 수도 있습니다. 매일 확인해야 할 항목을 홈 화면에 배치해두면 잊지 않고 관리할 수 있으니 추천합니다.

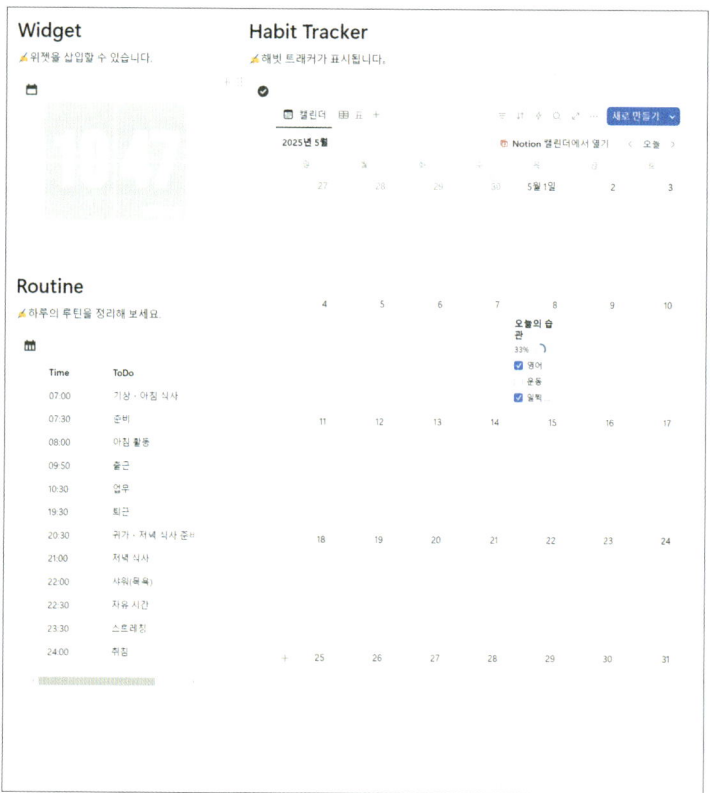

▲ Notion으로 일상 관리

[연결된 데이터베이스 보기] 블록을 사용하면 원래 데이터베이스 외에 다른 위치에도 동일한 데이터베이스를 표시할 수 있습니다. 또한, 데이터베이스는 원본 데이터와 연동되기 때문에 어느 쪽에서 체크를 하든 양쪽에 반영됩니다. 홈 화면 템플릿처럼 여러 페이지를 통합하는 페이지를 만들 때 매우 유용한 기능입니다.

[연결된 데이터베이스 보기]에 대한 자세한 내용은 54쪽을 참고하세요.

 **할 일은 항상 표시해 두는 것이 좋습니다**

'Habit Tracker' 아래에는 한 주간의 할 일을 관리할 수 있는 'Weekly ToDo 리스트'가 있습니다. ToDo 리스트를 홈 화면에 배치하면 한 주 동안 해야 할 일을 한눈에 파악하기 좋습니다. 이 책에서는 여러 가지 패턴의 ToDo 리스트를 소개하므로 자신에게 맞는 것을 선택해 배치해 보세요.

▲ 한 주의 할 일을 관리할 수 있는 ToDo 리스트

ToDo 리스트에 대한 자세한 내용은 100쪽을 참고하세요.

 **일기는 홈 화면에 배치해 보세요**

마지막으로 매일 작성하는 일기도 홈 화면에 배치했습니다. 캘린더 설정에서 [캘린더 표시 단위]을 [주]로 변경하여 한 주만 표시하도록 구성했습니다. 일기처럼 새롭게 습관을 들이기 어려운 항목도 홈 화면에 배치해 두는 것을 추천합니다. 일기를 쓸 날짜의 [+](항목 추가)를 클릭하면 일기의 내용을 바로 작성할 수 있습니다.

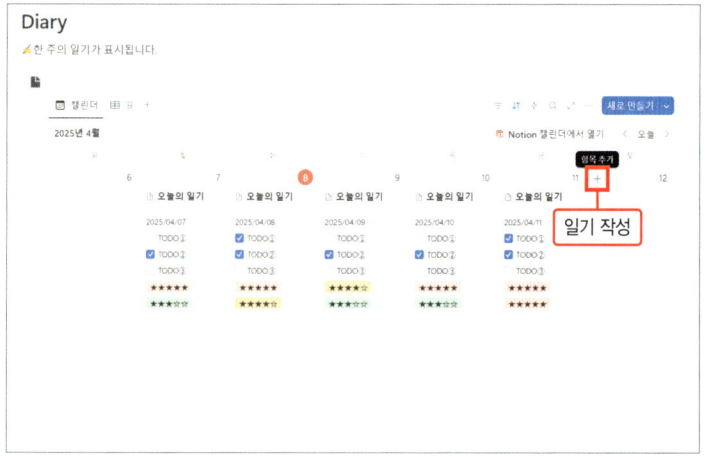

▲ 홈 화면에서 일기 작성

일기 템플릿에 대한 자세한 내용은 112쪽을 참고하세요.

홈 화면에 배치한 페이지는 어디까지나 예시일 뿐이니, 여러분만의 방식으로 사용하기 편리한 홈 화면 템플릿을 만들어 보세요. 책을 자주 읽는 사람은 북 리스트를, 영화를 자주 보는 사람은 영화 리스트를 추가하는 등 자신이 좋아하는 페이지를 포함해 보는 것도 재미있을 것입니다. 여기서는 각 데이터베이스를 깔끔하게 구분하기 **[콜아웃]** 블록에 **[연결된 데이터베이스 보기]**를 삽입했습니다.

✓ 자주 사용하는 페이지를 하나로 모아보세요.
✓ 블록을 이동시키거나 임베드 기능을 활용해 페이지를 정리해 보세요.
✓ 데이터베이스의 페이지를 [연결된 데이터베이스 보기]로 추가해 보세요.

2.3 맛집 관리 템플릿
가게 정보를 한곳에 모아두고 싶다!

맛집 정보를 찾을 때 SNS나 지도 앱 등 다양한 서비스를 활용합니다. 저도 맛집을 소개하는 SNS 채널이나 지도 앱을 오가며 맛집을 찾곤 했지만, 정보가 부족하거나 방문하려던 맛집을 잊어버리는 등의 불편함을 느끼곤 했죠. 이제 Notion으로 맛집 정보를 정리해 보세요. 가보고 싶었던 맛집을 나만의 방식으로 체계적으로 정리할 수 있습니다. 다양한 정보를 한곳에 모아두면 맛집을 찾을 때 이 템플릿만 있으면 된다는 안도감과 함께 편리하게 활용할 수 있을 거예요.

 Rei

맛집 정보를 정리하는 것만으로 즐겁게 Notion을 활용하는 법을 자연스럽게 익힐 수 있을 거예요.

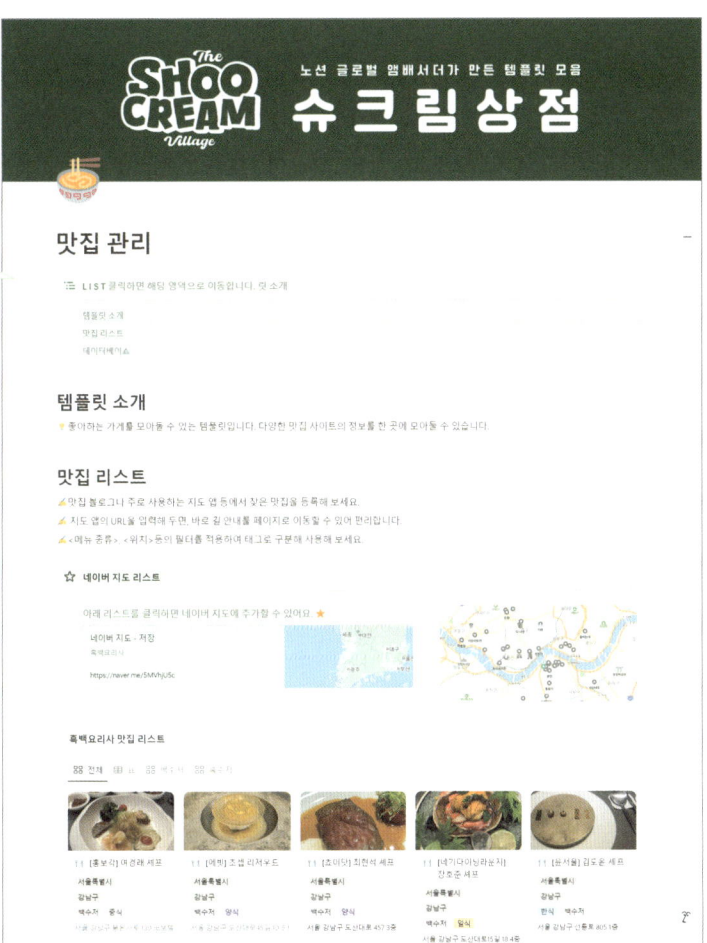

 가보고 싶었던 맛집을 추가해 보세요

이 템플릿을 활용하면 맛집 정보나 주로 사용하는 지도 앱 등에서 찾은 맛집 리스트를 데이터베이스로 정리할 수 있습니다. '가게 리스트'에서 [새 페이지]를 클릭하여 페이지를 생성하면 가게 정보를 입력할 수 있습니다.

페이지에는 가게 이름과 메뉴의 종류, 개인적인 평가, 위치 등을 메모할 수 있습니다. 방문한 적이 있는 가게라면 감상을 추가해 보는 것도 좋습니다. 여기에 입력되어 있는 속성 외에 원하는 속성을 자유롭게 추가할 수 있습니다.

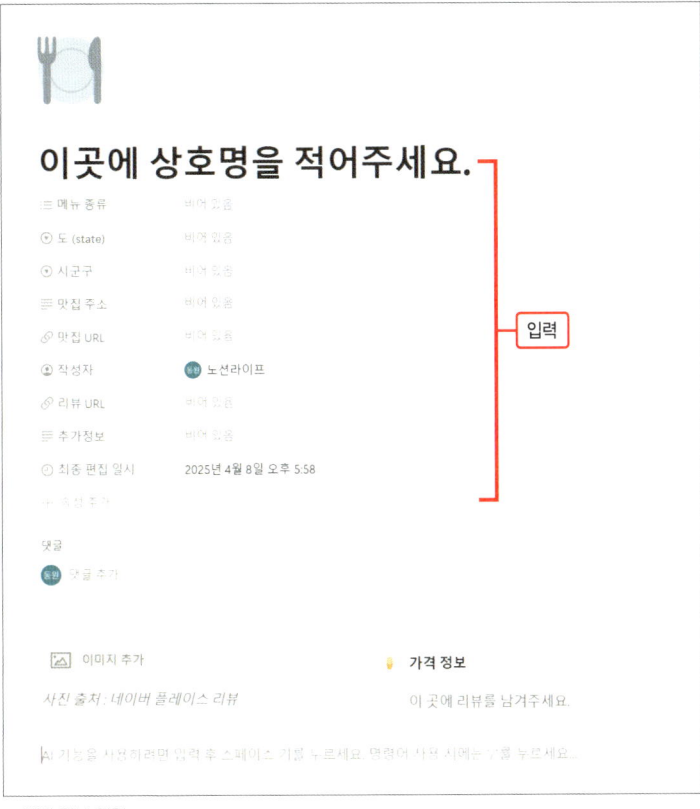

▲ 맛집 정보 입력

맛집을 찾을 때는 필터를 활용하세요

맛집을 찾고 싶을 때는 [표] 레이아웃과 [필터] 기능을 활용해 보세요. 메뉴 종류, 평가, 위치 등을 모두 태그로 정리할 수 있으므로, 각 태그에 필터를 적용해 원하는 조건으로 좁혀볼 수 있습니다.

예를 들어, '메뉴 종류'가 [한식]이고 '맛집 주소'가 [서울]인 맛집만 필터링하면 해당 태그가 지정된 맛집만 표시할 수 있습니다. 이렇게 속성과 필터 기능을 활용하면 원하는 맛집을 찾을 때 매우 유용합니다.

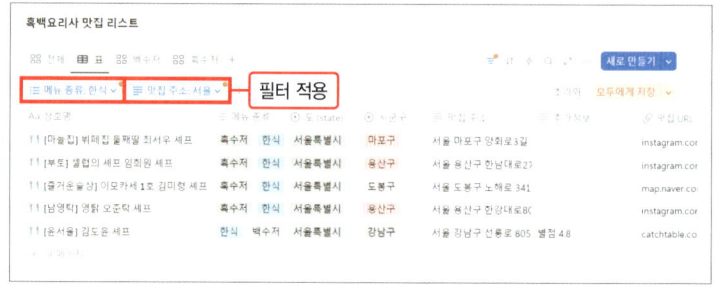

▲ [표] 레이아웃과 필터 활용

 다양한 맛집을 한곳에 모아보세요!

템플릿을 간단하게 살펴보고는 메뉴 종류별로 데이터베이스를 나누고 싶을 수 있지만, 여기서는 의도적으로 데이터베이스로 통합했습니다. 예를 들어, 메뉴 종류와 관계없이 특정 지역의 맛집을 찾고 싶을 때, 데이터베이스가 나뉘어 있으면 여러 번 검색해야 하지만 데이터베이스가 하나로 통합되어 있으면 필터를 한 번만 적용해도 모든 맛집 정보를 한눈에 확인할 수 있어 훨씬 편리하게 사용할 수 있습니다.

 맛집을 발견하면 바로 메모해 보세요

맛집을 소개하는 SNS에서 무심코 본 맛집이나 친구와의 대화 중에, 혹은 길을 걷다가 가고 싶은 가게를 갑자기 발견할 때가 있습니다. 그런 순간에도 Notion을 사용하면 스마트폰으로 바로 열어 간편하게 메모할 수 있습니다. 친구가 추천해준 맛있는 메뉴를 메모해 두는 것도 좋은 활용법입니다. 스마트폰 버전 Notion에서는 페이지의 공유 기능을 통해 웹 페이지를 직접 저장할 수 있습니다. 일상생활 속에서 꼭 활용해 보세요.

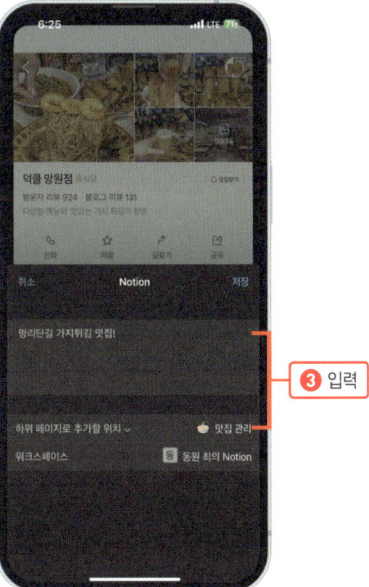

▲ 스마트폰 활용

✓ 좋아하는 가게를 한곳에 모을 수 있어요.

✓ 나만의 데이터로 커스터마이징해 보세요.

✓ 스마트폰에서 간편하게 저장할 수 있어요.

2.4 영화 목록 템플릿
좋아하는 영화를 기록하는 방법

여러분은 지난 1년 동안 본 영화를 몇 편이나 기억하고 있나요? 의외로 시간이 지나면 재미있게 봤던 영화라도 그 내용이 점점 희미해지기 쉽습니다. 좋아하는 영화를 정리할 수 있는 이 템플릿은 Notion의 대표적인 활용 방법 중 하나입니다. 여기서는 영화를 예로 들었지만 드라마나 게임 등 자신이 좋아하는 다른 콘텐츠를 정리하는 용도로도 활용할 수 있습니다. 꼭 한번 활용해 보세요!

 Rei
좋아하는 것이 목록으로 정리되어 있는 것만으로도 기분이 좋아지죠!

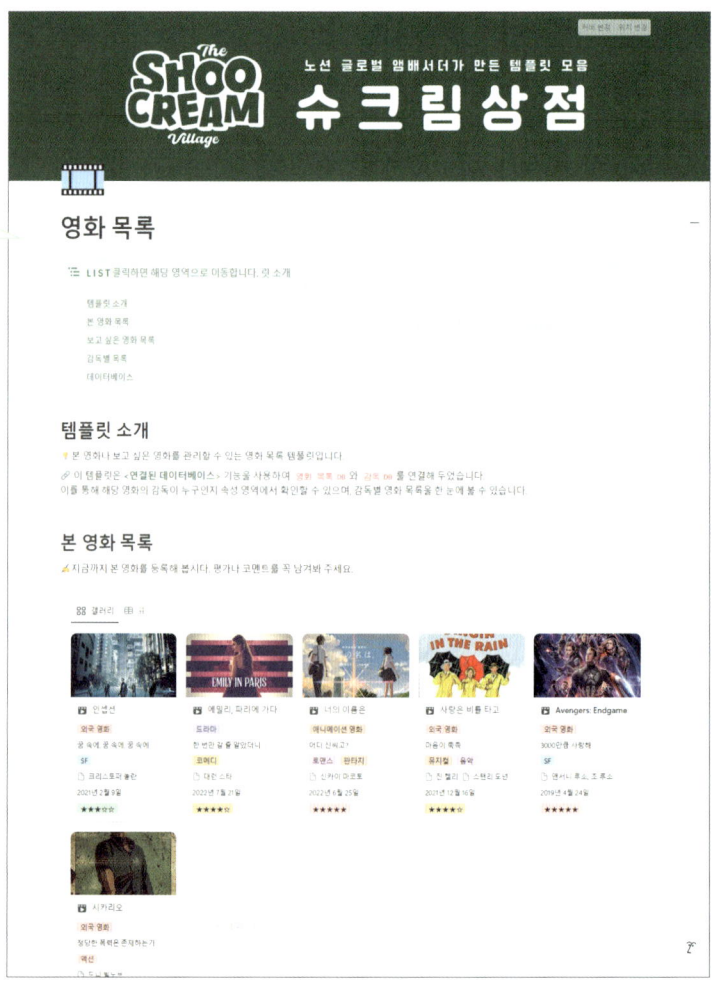

 **나만의 영화 목록을 만들어 보세요**

우선, 지금까지 본 영화를 돌아보며 나만의 영화 리스트를 만들어 보세요. 모든 영화를 정리하는 것보다 기억에 남는 영화나 좋아하는 영화 몇 편만 등록하는 것부터 시작해 보세요. '본 영화 목록'에 새 페이지를 생성합니다.

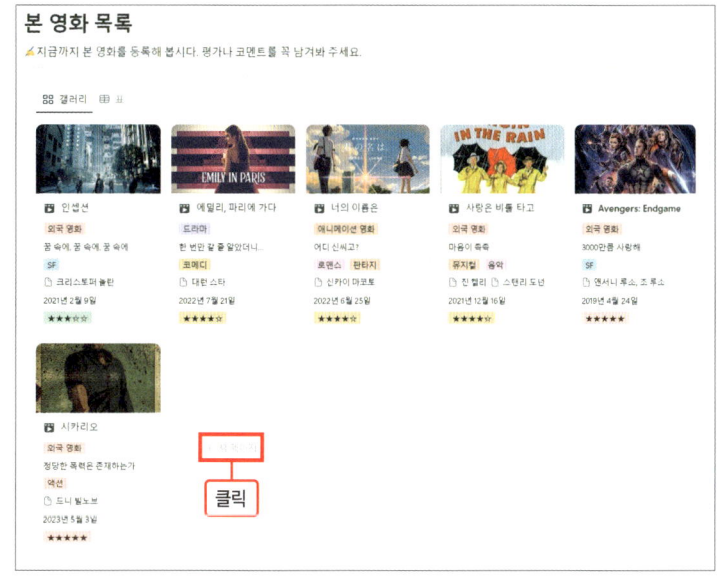

▲ 본 영화 기록 추가

페이지 제목으로 영화 제목을 입력하고 한국 영화, 애니메이션 등 영화의 분류, 장르, 감독 등을 입력합니다. 감독 이름이 검색되지 않을 경우, 새 페이지에 추가하여 직접 입력합니다. 본 날짜를 기억하고 있다면 캘린더에서 선택합니다. 마지막으로, 개인적인 별점과 영화에 대한 감상을 '한줄평'으로 남겨보세요. 감상을 적는 습관을 들이면 영화를 더 깊이 즐길 수 있을 뿐만 아니라 시간이 지나도 잊어버리지 않고 오랫동안 기억할 수 있습니다.

▲ 본 영화 기록

여기서는 예시로 다음의 항목들을 속성에 추가했습니다. 이밖에도 추가하고 싶은 속성이 있다면 자유롭게 추가해 보세요.

- 관람 여부를 체크하는 체크박스
- 분류(한국 영화/외국 영화/애니메이션 등)
- 장르
- 감독
- 관람일
- 평점
- 한줄평

 다음에 보고 싶은 영화도 간편하게 메모해 보세요

본 영화 목록 아래에는 '보고 싶은 영화 목록'도 준비했습니다. 흥미로워 보였지만 결국 보지 못한 영화 또는 추천 받았지만 영화 제목이 기억나지 않았던 경험은 누구나 한 번쯤 있었을 것입니다. 이런 영화가 있다면 여기에 메모해 두고 잊지 않고 챙겨볼 수 있습니다. 보고 싶은 영화 등록 방법은 본 영화 리스트와 같습니다. '보고 싶은 영화 목록'에

새 페이지를 생성한 뒤 속성을 채우기만 하면 됩니다.

▲ 보고 싶은 영화 추가

여기에 메모한 영화를 관람했다면 목록의 체크박스에 체크해 보세요. 자동으로 '본 영화 목록'로 이동합니다. 다시 등록할 필요 없이 간편하게 관리할 수 있어 매우 편리합니다. 간단하게 평점과 한줄평도 입력해 보세요.

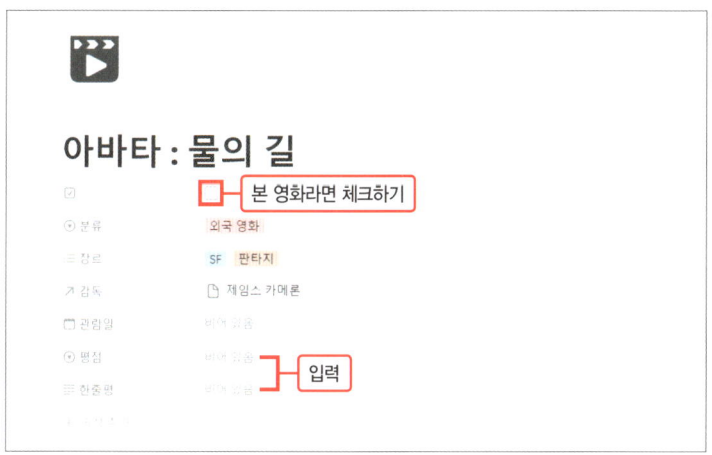

▲ 관람한 영화 관리

 영화를 간편하게 찾아보세요

메모한 영화가 많아지면 특정 영화를 찾는 일이 점점 어려워집니다. 예를 들어 친구가 '애니메이션 영화 중 추천할 만한 영화 있어?'라고

83

물었을 때 바로 찾아서 답할 수 있다면 편리하겠죠.

이럴 때는 [표] 레이아웃과 [필터]를 활용해 보세요. 영화의 종류, 장르, 개인적인 평가 등을 기준으로 필터를 적용해 원하는 영화를 쉽게 찾을 수 있습니다. 예를 들어, '분류'를 [애니메이션 영화]로, '평점'을 [★★★★★]로 필터링하면, 해당 태그가 적용된 영화만 표시됩니다.

▲ 찾고 싶은 조건으로 필터하기

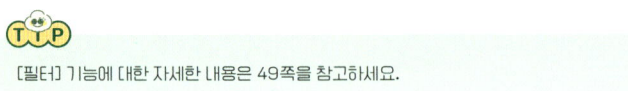

[필터] 기능에 대한 자세한 내용은 49쪽을 참고하세요.

 감독의 데이터베이스도 연결할 수 있어요

▲ 영화 리스트와 관계 설정

마지막으로 데이터베이스를 연결하는 방법을 알아보겠습니다. 여기서는 영화를 감독별로 정리하기 위해 '감독별 목록'을 만들어 보았습니

노슈니

데이터를 연결해 유기적으로 활용할 수 있는 고급 기능이에요. 연결된 데이터를 요약해 한눈에 살펴볼 수 있어요.

다. '영화 목록'과 '감독별 목록'를 연결하려면 **데이터베이스의 속성에서 [+]-[관계형]을 선택하세요.** 그런 다음 연결할 데이터베이스에서 원하는 페이지를 직접 선택하거나 추가할 수 있으니 확인해 보세요.

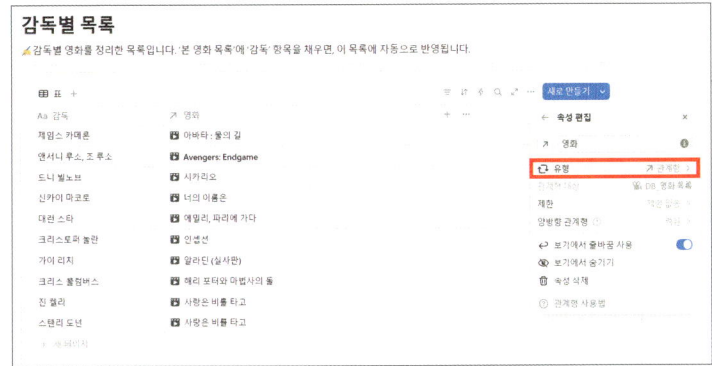

▲ [관계형] 속성으로 연결

감독별 목록 외에도 특정 배우를 좋아한다면 '배우 목록'을 만들어 해당 배우가 출연한 영화를 정리하는 방식으로 응용할 수도 있습니다. 각자 자신만의 방법으로 영화를 정리해 보세요.

템플릿을 노트처럼 사용해 보는 것도 추천합니다. 템플릿에는 한줄평 속성이 포함되어 있지만, 더 자세히 줄거리나 감상을 정리하고 싶다면 페이지를 자유롭게 수정해 보세요. 작품 이미지를 추가하면 영화 노트처럼 활용할 수도 있을 것입니다.

✓ 좋아하는 영화를 정리해 보세요.
✓ 필터를 사용하면 원하는 영화를 편리하게 찾을 수 있어요.
✓ [관계형] 속성으로 데이터베이스를 연결해 보세요.

2.5 여행 기록 템플릿
더욱 가볍게 여행 계획을 세워보세요!

여러분은 여행 계획을 세우는 편인가요? 계획적인 J형이라면 여행 전에 가고 싶은 장소를 꼼꼼하게 정리하고 동선을 짜는 걸 좋아할 거예요. 반면, 즉흥적인 P형이라면 대략적인 리스트만 정리하고 상황에 맞춰 유연하게 움직이는 걸 선호하겠죠. 하지만 예상치 못한 변수로 계획대로 움직이기 어렵거나 지도에 핀만 찍어 놓고 결국 가보지 못한 경험이 있다면? 이럴 때 Notion이 유용합니다. 가고 싶은 장소 리스트만 정리하면 J형에게는 일정 관리 도구로 P형에게는 간편한 참고용으로 활용할 수 있어요. 여러분의 여행 스타일에 맞게 사용해 보세요!

 Rei

이 템플릿은 제가 실제로 다녀온 교토 여행을 바탕으로 만들었습니다. 이렇게 미리 가고 싶은 곳을 정리해 두면 여행이 훨씬 더 즐거워질 거예요!

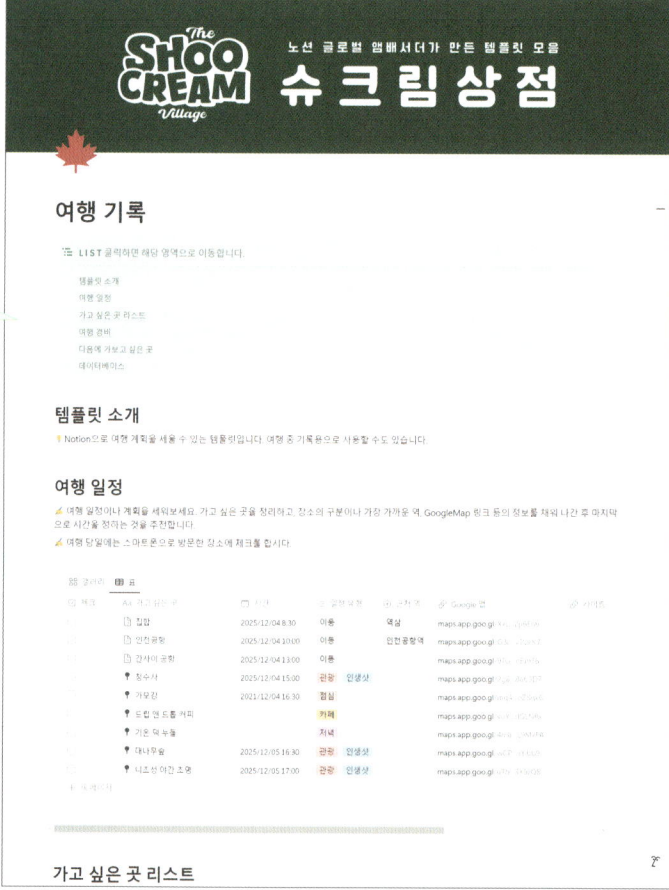

 가보고 싶은 장소를 정리해 보세요

먼저 '가고 싶은 곳 리스트'에 관광지, 맛집, 호텔 등을 정리하세요. 이때, 가보고 싶은 장소를 가능한 한 많이 기록해 두는 것이 좋습니다. 리스트를 정리할 때 이미지를 추가하면 [갤러리] 레이아웃을 활용해 한눈에 확인할 수 있습니다. 이렇게 가고 싶은 장소를 이미지로 정리하면 여행의 모습을 더욱 쉽게 그려볼 수 있고, 출발 전부터 한층 더 설렘을 느낄 수 있을 거예요.

▲ 가보고 싶은 장소 정리

 여행을 계획해 보세요

여행 일정을 정리했다면, [표] 레이아웃에서 '일정 유형'이나 '근처 역' 등 구체적인 정보를 채워 보세요. 그리고 실제로 방문할 순서와 날짜, 시간을 정해 봅시다. [시간] 속성을 사용하면 캘린더에서 예상하는 방문 시간을 지정할 수 있습니다.

여행 일정을 정리했다면 Google 맵이나 웹 사이트의 링크, 영업 시간 등을 메모로 정리해 두면 더욱 원활하게 여행을 즐길 수 있습니다.

▲ 여행 계획 세우기

여기서는 예로 아래 항목들을 속성에 추가해 보았습니다. 이밖에 떠오르는 것이 있다면 자유롭게 추가해 보세요.

- 방문 여부 체크
- 일정·시간
- 일정 유형(이동/식사/관광 등)
- 근처 역
- Google 맵 URL
- 웹 사이트 URL
- 메모 및 티켓 첨부

 **여행지에서도 스마트폰으로 간편하게 메모하세요**

이제 여행지에서 정리한 여행 기록 템플릿을 활용할 차례입니다. 여행지에서 스마트폰으로 정리한 내용을 확인하며 방문 여부를 체크해 보세요. Notion은 스마트폰에서도 사용할 수 있으므로 스케줄을 보며 여행을 즐길 수 있습니다. 여행지에서 Notion을 열어 다음에 갈 장소를 확인하고 방문했다면 체크박스에 체크하는 식으로 활용할 수 있습

니다. 체크된 항목이 늘어나면서 성취감도 느낄 수 있어 즐겁게 여행을 이어갈 수 있을 것입니다.

◀ 방문 여부 체크

Google 맵 URL을 미리 입력해 두면 여행이 훨씬 더 편리해 집니다. Notion에서 다음 목적지를 확인한 후 바로 지도를 열어 경로와 이동 시간을 확인할 수 있습니다. 또한, 가고 싶은 장소의 URL뿐만 아니라 조사한 결과의 시간표도 저장할 수 있어 바쁜 여행 일정 속에서도 원활하게 이동할 수 있습니다.

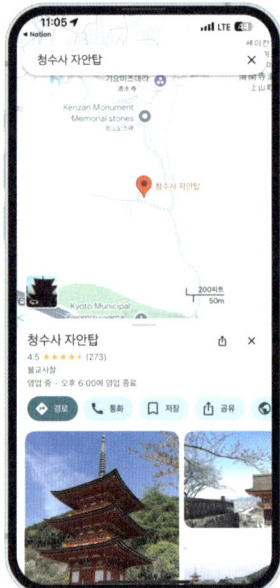

▲ Google 맵 URL 활용

 여행 중 결제나 가지 못한 장소도 돌아볼 수 있어요

여행을 함께 떠난 일행이 있다면, 여행이 끝난 후 혼동하기 쉬운 경비도 간단히 정산할 수 있습니다. 비용 항목과 금액을 작성하면 Notion 기능으로 총 금액을 계산할 수 있습니다. 또한, 당일에 가지 못한 장소나 여행 중 다음 여행에서 가고 싶은 장소를 발견했다면, '다음에 가보싶은 곳'에 바로 메모해 보세요. 다음 여행 때 꼭 여행 스케줄을 활용해 보길 바랍니다.

▲ 금액 목록과 합계

▲ 다음에 가보고 싶은 곳

 **누군가와 함께 계획해 보세요**

이 템플릿은 혼자 떠나는 여행뿐만 아니라, 일행과 함께하는 여행에도 유용합니다. 여행을 준비하며 직접 만나 Notion에 필요한 사항을 메모하거나, 템플릿을 공유해 공동 편집할 수 있습니다. 저는 보통 전화로 계획을 세우는데, Notion은 실시간으로 작성 내용을 공유할 수 있어 전화하면서도 효율적으로 계획을 정리할 수 있었습니다.

여행 당일에는 각자의 스마트폰에서 마치 가이드북처럼 활용할 수도 있습니다. 또한, 정리한 템플릿은 다음 여행에도 재활용할 수 있고, 추억으로 남기기에도 좋아 더욱 유용합니다.

✓ 여행에 필요한 정보를 한곳에 정리할 수 있어요.

✓ 웹 정보와 연동된 시간표를 작성할 수 있어요.

✓ 여행 중에도 스마트폰으로 간편하게 활용해 보세요.

인터뷰
Notion과 함께 성장하고 싶은 앰배서더 메리

안녕하세요, Notion 글로벌 앰배서더 메리입니다. 대학생 시절, 전공 수석과 4년 전액 장학금을 받은 경험을 바탕으로 대학 생활과 학습 노하우를 녹여낸 Notion 템플릿 '대학생 플래너'를 제작하여 판매하고 있어요. 이 템플릿은 '슈크림 상점'에서 3년 연속 Notion 템플릿 베스트셀러로 사랑받고 있습니다. 또한 Notion이 추천하는 템플릿 제작자로 다양한 템플릿을 제작하는 한편 SNS를 통해 Notion 사용 팁과 업데이트 소식을 소개하고 있고, 기업을 대상으로는 맞춤형 업무 협업 시스템도 구축하고 있어요.

▲ 대학생 플래너   ▲ Notion 앰배서더 메리의 템플릿

제가 활동하는 Notion 커뮤니티 '슈크림 마을'에서는 Notion을 사랑하는 사람들이 의견을 나누고 함께 성장할 수 있는 공간을 만들어가고 있어요. 최근에는 Notion 템플릿을 함께 만들고 판매에 도전해 보는 챌린지 '만들었슈'를 운영하며, 창작의 즐거움과 실질적인 성장을 함께 나누고 있습니다.

 **Notion을 사용하기 시작한 계기는 무엇인가요?**

Notion을 처음 만난 건 대학원에서 석사 논문을 쓰던 시절이었어요. 정리해야 할 자료가 정말 많았죠. 처음엔 노트에 손으로 직접 필기했는데, 시간이 오래 걸릴 뿐만 아니라 나중에 다시 찾기가 참 어렵더라고요. 그러다 우연히 앱스토어에서 Notion을 발견했어요. 로그인하면 별도로 저장하지 않아도 스마트폰과 컴퓨터가 자동으로 동기화된다는 점이 너무 편리했죠. 기본 메모 앱이나 워드 프로그램과는 달리, Notion은 '블록' 단위로 구성되어 있어서 내용을 시각적으로 정리하기도 좋았고요.

제가 Notion을 처음 접했을 때만 해도 Notion을 알려주는 사람도 거의 없었고, [데이터베이스] 기능은 존재조차 몰랐어요. 그래서 [체크박스]나 [토글]을 중심으로 쓰면서, 블록마다 색상을 바꿔가며 메모를 꾸미는 정도였죠. 메모 앱에서는 컬러 활용이 제한적인데, Notion은 클릭 한 번으로 블록별 색상 배경을 지정할 수 있는 점이 무척 매력적이었어요.

지금 생각해 보면 정말 '왕초보' 수준의 기본 기능만 사용했는데도 충분히 만족스러웠습니다. 그랬던 제가 지금은 눈을 뜨자마자 노트북을 열고 Notion을 켜는 삶을 살고 있어요. 그야말로 Notion에 푹 빠진 사람이 되어버렸습니다.

 **현재 Notion을 주로 어떤 목적으로 사용하고 계신가요?**

처음엔 자료 정리를 위해 Notion을 사용하기 시작했어요. 그런데 어느새 '나만의 플레이리스트', '일정 관리', 'To-Do 리스트' 등 생활 속 거의 모든 영역에 스며들게 되더라고요. 이제는 일상을 넘어서 업무까

지 Notion으로 관리하고, 실제로 수익화까지 이어졌습니다.

2023년부터는 하나의 팀 Notion workspace를 만들어, 슈크림 마을 운영진들과 함께 협업하고 있어요. 캘린더를 통해 업무 상황을 공유하고, 전반적인 데이터를 기록하며 운영의 효율성을 높이고 있답니다. 또한, Notion 앰배서더이자 공식 템플릿 크리에이터로서 직접 다양한 템플릿을 제작해 판매하고 있어요. 템플릿은 Notion 공식 마켓플레이스와 슈크림 마을의 전용 스토어인 '슈크림 상점'을 통해 유통하고 있고, 매달 정산받는 수익도 점차 커지고 있어요. 그저 메모 앱이라고 생각했던 Notion이, 이제는 제 삶의 일부가 되어버렸네요. 정말 Notion 없이는 하루를 시작하기 어려울 만큼요.

 **Notion을 더 잘 활용할 수 있는 팁이 있나요?**

Notion은 요금제에 따라 사용할 수 있는 기능에 차이가 있습니다. 예를 들어, 차트 기능은 무료 요금제에서는 단 하나만 생성할 수 있지만, 유료 요금제에서는 무제한 생성이 가능해요. 또 하나의 차이는 파일 업로드 용량인데요, 무료 요금제는 제한이 있는 반면, 유료 요금제는 무제한 업로드를 지원합니다. 하지만 유료 요금제는 다소 부담스러울 수 있어요. 그런데 가장 저렴한 플러스 요금제를 무료로 사용하는 방법이 있습니다! 바로 대학교 이메일 주소를 활용하는 건데요, 이메일 인증만 하면 누구나 '에듀케이션 플러스' 요금제를 무료로 사용할 수 있어요. 이 요금제는 일반 플러스 요금제와 기능상 큰 차이가 없고, 재학생뿐만 아니라 졸업생도 이용할 수 있다는 점이 정말 매력적입니다.

💡 자세한 내용은 왼쪽의 QR 코드를 스캔하여 확인해 보세요.

▲ 교육용 요금제

 **Notion을 입문자에게 어떤 사용 방법을 추천하고 싶나요?**

Notion을 처음 접한다면 Notion과 친해지는 시간이 필요하다고 생각해요. 잘 만들어진 템플릿을 구매해서 시작하는 것도 좋은 방법이지만, 아무것도 모르는 상태에서는 오히려 더 어렵게 느껴질 수 있거든요.

그래서 Notion을 처음 사용한다면 Notion에서 여러 가지 블록을 생성해 보면서 익숙해지는 시간을 가져보길 추천합니다. 텍스트 색깔을 바꾸고, 아이콘이나 이미지를 추가해 보는 등 '예쁜 메모 앱'이라는 생각으로 가볍게 접근해도 충분하답니다.

> 🌲 띵동-! 메리의 서른네 번째 선물이 도착했습니다! 🎁
>
> 노션이 어렵게만 느껴졌던 왕초보 슈크림 여기 주목~!
>
> **할 일 추가하기 버튼을 클릭**하고, 데이터를 입력하면 끝!
> **긴급도**에 따라 **노션이 알아서 정리**해주고! 😎 **마감일 디데이도 계산**해준다구😎✨
>
> 💖 **꿈을 향해 달려가는 슈크림을 진심으로 응원해** 💖
> 이 콜아웃 상자는 지우고 사용해줘🙈

▲ 텍스트 꾸미기

빈 화면에 '/'를 눌러서 나오는 블록을 하나씩 생성하면서 Notion에서 어떤 블록을 쓸 수 있는지 체험해 보는 것도 좋아요. 의외의 곳에서 최애 블록을 발견할 수도 있잖아요? 저도 그렇게 [콜아웃] 블록을 처음 알게 됐답니다.

Notion과 어느 정도 친해진 후에는, [데이터베이스]를 포함한 다양한 기능에 도전해 보세요. 그리고 다른 사람이 만든 템플릿도 사용해 보시길 추천합니다! 슈크림 마을에서는 템플릿 제작자와 직접 대화를 나눌 수 있고, Notion의 최신 업데이트 소식과 유용한 정보도 함께 공유하고 있어요. 궁금한 게 있다면 언제든지 놀러 오세요.

 **직접 만들어 애용하는 Notion 템플릿을 소개해 주세요.**

제가 사용하는 템플릿을 무료로 공유합니다. 꼭 복제하여 사용해 보세요.

▲ 마감일 플래너

Notion은 계획을 좋아하는 MBTI J유형만 사용하는 도구라고 생각하나요? 그렇지 않습니다! 저는 오히려 P유형인데도, 할 일 관리에 있어 큰 도움을 받고 있어요.

'일 잘한다'는 말을 자주 듣는 P유형으로서, 맡은 일은 꼼꼼하게 기록하고, 제때 해결하고 있습니다. 그 비결은 바로, 항상 마감일을 의식하며 작업 완료까지 걸릴 시간을 어림잡아 체크해 보는 습관이에요. 마감일이 같더라도, 규모가 큰 프로젝트는 미리미리 준비하고 빠르게 끝낼 수 있는 일부터 얼른 처리한 다음, 할 일 목록에서 제거합니다. 그리고 할 일과 관련된 정보는 반드시 Notion에 기록하고, 링크로 연결해 언제든 참고할 수 있게 해두죠.

매일을 촘촘하게 계획하지 않더라도, 꼭 잊지 말아야 할 스케줄이나 할 일은 기록해두면 훨씬 놓치지 않게 됩니다. 그래서 저는 '마감일'과 '긴급도'를 기준으로 정리한 할 일 목록 템플릿을 매일 사용하고 있어요. Notion '데이터베이스'의 장점은 원하는 정보만 필터링할 수 있다는 점인데요, Notion 함수를 활용하여 '긴급도' 속성을 기준으로 자동 분류되며, 할 일과 마감일만 입력하면 디데이(D-Day)까지 자동 계산해줍니다. 이제는 달력을 보며 며칠 남았는지 일일이 세어볼 필요도 없어요! 또한, **[할 일 추가하기]**를 누르면 새 페이지가 생성되고, 그 안에 할 일, 마감일, 긴급도를 입력하면 나머지는 Notion이 알아서 척척 정리해 줍니다.

▲ 마감일을 기준으로 할 일 정리

▲ 긴급도를 기준으로 할 일 정리

▲ P를 위한 플래너

여러 개의 프로젝트를 동시에 진행하면서도 일정 관리를 잘 할 수 있었던 노하우를 담아, 'P를 위한 플래너' 템플릿도 만들었어요. P를 위한 플래너는 프로젝트를 중심으로 관련 일정을 자동으로 정리할 수 있어 동시에 여러 프로젝트를 진행하는 사람들에게 많은 사랑을 받고 있습니다.

> 🍊 **메리의 추천 포인트**
>
> ❶ **삶과 업무 전반을 통합 관리할 수 있는 도구**: Notion은 일상, 학습, 업무, 수익 활동까지 하나의 공간에서 체계적으로 통합 관리할 수 있어요.
>
> ❷ **효율적인 일정 관리가 가능한 데이터베이스**: Notion의 데이터베이스 기능을 활용하면 마감일과 긴급도 기준으로 할 일을 자동 정리하고, D-Day까지 계산할 수 있어요.
>
> ❸ **유연하게 발전할 수 있는 블록 기반 시스템**: 템플릿과 기능을 사용자의 필요에 따라 자유롭게 조합하고 발전시킬 수 있어, Notion은 창의적이고 실용적인 확장 도구로도 손색이 없어요.

Chapter 3

작업 관리

ToDo 리스트 템플릿
자신에게 맞는 ToDo 리스트 찾아보세요!

3.1

여러분은 평소에 어떤 방식으로 작업을 관리하나요? 여기에서는 Notion을 활용해 어떤 작업 관리가 가능한지 쉽게 이해할 수 있도록, 다섯 가지 ToDo 리스트 활용법을 소개합니다.

단순한 할 일 목록 정리부터 체계적인 프로젝트 관리까지, Notion을 활용하면 효율적으로 작업을 정리하고 진행 상황을 한눈에 파악할 수 있습니다. 또한, 작업 관리에 어려움을 겪는 Notion 초보자도 간단하게 도입할 수 있는 방법들만 엄선했습니다. 이 템플릿을 활용해 자신에게 딱 맞는 ToDo 리스트 스타일을 찾아보세요!

 Rei

다른 서비스에서 좌절한 적이 있는 분들도, 분명 자신에게 딱 맞는 사용 방법을 찾을 수 있을 거예요!

 **[버튼]으로 간단하게 작업을 관리해 보세요**

첫 번째는 간단한 ToDo 리스트입니다. 요일별로 할 일을 작성하고 체크를 해 나가기만 하면 되므로 사용법이 매우 간단합니다.

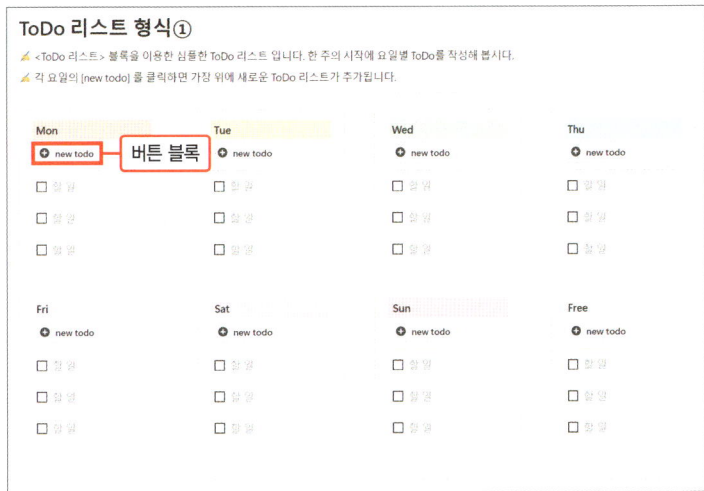

▲ 심플한 ToDo 리스트

새로운 ToDo를 리스트에 추가할 때는 각 요일의 [new todo] 버튼을 눌러보세요. 이 버튼은 Notion의 [버튼] 블록을 활용한 것으로, 버튼을 누르면 리스트 맨 위에 새로운 ToDo가 추가됩니다.

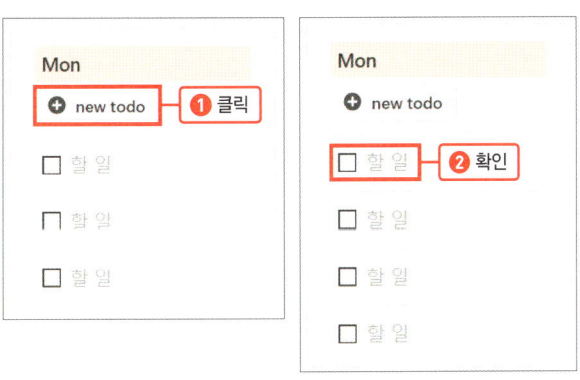

▲ 할 일 추가

[버튼] 블록에 대한 자세한 내용은 269쪽을 참고하세요.

완료한 작업을 삭제하는 대신, [토글] 블록을 활용해 보관하는 것을 추천합니다. 작업을 보관하면 이전 기록을 참고하거나 반복되는 업무를 재사용할 수 있어 더욱 효율적인 관리가 가능합니다. 특히, [토글] 블록 전체를 복제하면 남아 있는 작업을 다음 주로 쉽게 넘길 수 있어 주별 일정 조정도 편리해집니다.

▲ 토글 닫았을 때

▲ 토글을 열었을 때

[표] 레이아웃으로 작업을 한눈에 정리해 보세요

두 번째는 데이터베이스의 [표] 레이아웃을 활용하여 해야 할 일을 한눈에 확인할 수 있는 ToDo 리스트입니다. 사용 방법도 간단합니다. [+새 페이지]를 클릭하여 항목을 추가한 뒤, 유형이나 상태를 선택하기만 하면 됩니다. 작업이 완료된 항목에 체크 표시를 하면 자동으로 아래에 있는 체크 있음 그룹으로 항목이 옮겨집니다. '유형'에는 '업무', '개인' 외에도 '습관', 'GO', 'BUY', 'EAT', 'MEET' 등 직관적인 속성을 준비해 두었습니다. 자신만의 방식으로 수정하여 활용해 보세요!

▲ 체크 표시하면 아래로 이동

▲ 선택할 수 있는 속성

[보드] 레이아웃으로 진행 상황을 확인해 보세요

세 번째는 할 일을 시각적으로 관리할 수 있는 '칸반' 방식의 ToDo 리스트입니다. 작업을 시작하기 전, 보드의 [+새 페이지]를 클릭하여 원하는 작업을 추가하고 진행 중이라면 '진행 중', 완료되었다면 '완료' 보드로 옮기면 됩니다.

각 할 일 블록은 드래그하여 쉽게 옮길 수 있어 작업 흐름을 직관적으로 관리하고 정리할 수 있습니다. 칸반 방식의 작업 관리에 익숙하거나 프로젝트 진행 상황을 한눈에 파악하고 싶다면 이 방식으로 할 일을 정리해 보세요.

▲ 추가한 작업을 진행 상황에 맞게 이동

'간판', '표지판'을 의미하는 칸반(Kanban, 看板)은 작업 단계를 '시작 전 → 진행 중 → 완료'처럼 시각적으로 구분한 보드로 업무 흐름을 파악하고 관리하는 작업 관리 방식입니다.

 [캘린더] 레이아웃으로 할 일을 관리하세요

네 번째는 [캘린더] 레이아웃의 주 단위 보기 기능을 활용한 ToDo 리스트로 한 주 단위로 해야 할 일을 확인할 수 있습니다. 캘린더에 할 일을 추가하려면 날짜 왼쪽 위의 [+]를 클릭하여 해당 날짜의 할 일을 추가하면 됩니다. 이렇게 추가한 할 일은 드래그하여 손쉽게 원하는 날짜로 변경할 수 있어 일정 조정이 더욱 편리합니다.

▲ 드래그하여 일정 조정

또한, 속성이 '습관'인 할 일만 필터링하여 표시할 수 있는 레이아웃도 준비했습니다. 특정 카테고리의 할 일 목록만 확인하고 싶을 때 유용하게 활용할 수 있습니다.

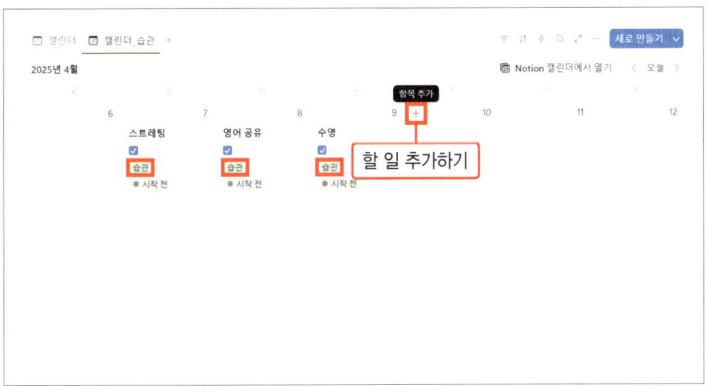

▲ 할 일 추가/습관만 필터링한 레이아웃

속성 별 레이아웃을 추가하는 자세한 내용은 65쪽을 참고하세요.

 ## [리스트]와 [캘린더] 레이아웃을 함께 활용해 보세요

마지막은 [리스트]와 [캘린더] 레이아웃을 활용한 ToDo 리스트입니다. 왼쪽에서는 간단한 목록 형식으로 할 일을 확인할 수 있고, 오른쪽에서는 한 달 단위의 캘린더에서 할 일을 확인할 수 있습니다. 할 일은 리스트와 캘린더 양쪽에서 모두 추가할 수 있으며, 날짜는 페이지 안에서 직접 입력하거나 드래그하여 변경할 수 있습니다.

▲ 리스트와 캘린더로 할 일 관리

◀ 할 일 추가

✓ 자신에게 맞는 작업 관리 방법을 찾아보세요.

✓ 다섯 가지 템플릿을 직접 사용해 보세요.

✓ 자신의 스타일에 맞게 커스터마이즈하여 활용해 보세요.

3.2

습관 추적기 템플릿
새로운 습관을 들이고 싶은 당신에게

습관이란, 오랫동안 반복하여 몸에 익숙해진 행동이나 사고방식을 의미합니다. 안 좋은 습관은 없애야 하지만 운동이나 공부 같은 좋은 습관은 오랫동안 반복해야 비로소 몸에 익게 됩니다. Notion은 다양한 용도로 자주 사용하는 만큼 습관을 꾸준히 관리하는 데도 유용합니다. 이 템플릿은 좋은 습관을 들이는 데 도움을 주는 템플릿입니다.

 Rei

습관 추적기란, 만들고 싶은 습관을 정해 매일 꾸준히 실천할 수 있도록 도와주는 도구입니다. 또한, 왜 습관을 지속하지 못했는지 분석하는 데도 활용할 수 있습니다!

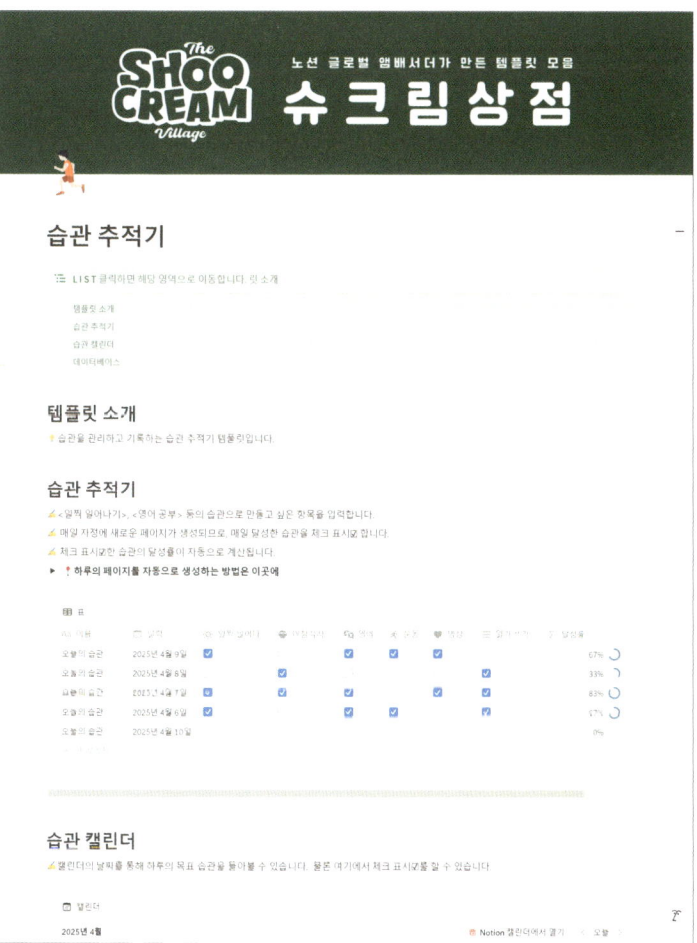

107

습관으로 만들고 싶은 행동을 메모하세요

노슈니

의지보다 더 중요한 건 시스템이에요! Notion 으로 루틴을 정해 두면, 오늘 할 일을 고민하지 않아도 자동으로 몸이 움직이게 돼요.

바로 습관 추적기를 만들어 보겠습니다. 먼저 **'일찍 일어나기'**나 **'영어 공부'**처럼 습관으로 만들고 싶은 행동을 정리해 보세요. 템플릿의 속성 제목을 클릭하면 이름을 변경할 수 있으니, 습관으로 만들고 싶은 항목으로 바꿔 보세요.

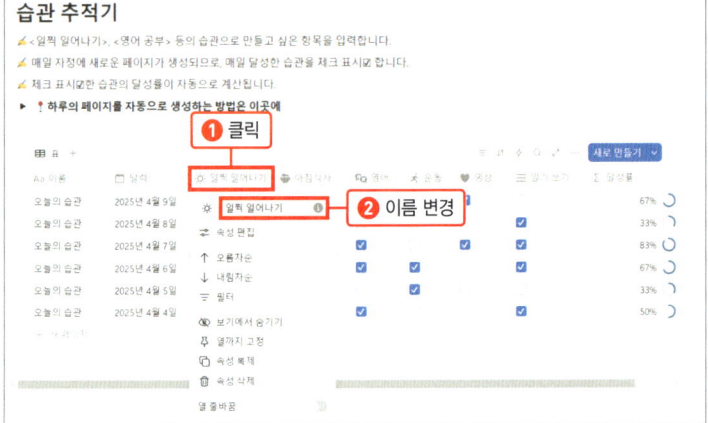

▲ 습관 행동 정리

이모지를 활용하면 습관 추적기를 더욱 직관적으로 꾸밀 수 있습니다. 속성 제목의 이모지는 원하는 대로 변경할 수 있으며, 이모지를 클릭한 후 편집 화면에서 원하는 이모지를 선택하면 쉽게 변경할 수 있습니다. 이모지를 활용하면 습관 항목을 한눈에 알아보기 쉬워지고, 자신만의 맞춤형 앱처럼 꾸밀 수 있습니다.

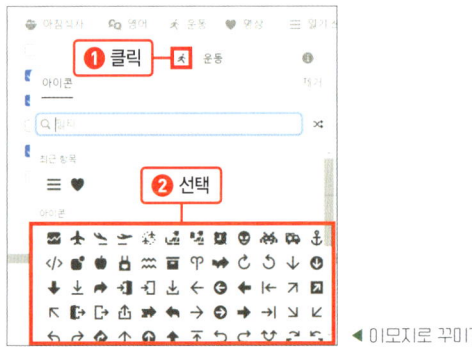

◀ 이모지로 꾸미기

습관을 기록해 보세요

나만의 습관 추적기가 완성되었다면, 이제 습관을 실천하며 기록을 시작해 보세요. 매일 자정이 되면 자동으로 해당 날짜의 페이지가 생성되도록 설정되어 있으니 하루가 끝날 때나 그 날을 돌아보며 체크를 해 보세요.

▲ 체크하며 습관 기록

달성률 항목에서는 습관 실천 횟수에 따라 자동으로 달성률과 그래프가 표시됩니다. 매일 얼마나 습관을 실천했는지 한눈에 확인할 수 있어 편리합니다. 이렇게 기록을 이어가다 보면 체크 수를 늘리고 싶어지고, 더욱 적극적으로 실천하게 될 것입니다.

▲ 달성률은 그래프로 확인

 **페이지를 자동으로 생성할 수 있어요**

이 템플릿에서 날짜별 페이지가 자동 생성되는 것은 [반복] 기능을 활용한 것입니다. [반복] 기능을 설정하려면 데이터베이스에서 [새로 만들기]의 ▼를 클릭합니다. ❶기본 템플릿으로 설정된 '오늘의 습관'의 ⋯–[편집]을 선택하면 습관 추적기의 기본 템플릿을 수정할 수 있습니다. 그런 다음 ❷템플릿의 [반복 주기]를 클릭한 다음 [일]을 선택하고 ❸반복 시간을 [자정 전후]로 변경하면 해당 시간에 페이지가 자동으로 생성됩니다. ❹설정을 변경한 후 [저장하기]를 클릭합니다.

▲ 변경할 템플릿 선택

▲ [편집 선택]

▲ 반복 시간 변경-[저장하기]

페이지 제목에 '@오늘'을 입력하면 해당 날짜가 자동으로 페이지 제목으로 입력되도록 설정할 수 있습니다.

 **한 달 동안의 습관을 회고해 보세요**

한 달이 끝나면, '습관 캘린더'를 활용해 한 달 동안의 습관을 돌아보세요. 습관 캘린더는 앞서 만든 습관 추적기와 연동되어 있어, 습관 추적기에 입력한 내용이 캘린더에도 자동으로 반영됩니다. 물론, 캘린더에서도 직접 습관 행동을 추가하거나 수정할 수 있습니다. 습관 캘린더로 왜 습관화하지 못했는지를 고민하며 메모하는 것도 추천합니다. 그리고 이렇게 종합적으로 한 달을 되돌아보면 성공한 습관과 실패한 습관을 더 명확히 파악할 수 있습니다.

▲ 한 달을 회고하기

2009년 런던대학교의 연구에 따르면, 새로운 습관을 형성하는 데 평균적으로 66일이 걸린다고 합니다. 이 템플릿을 활용해 66일 동안 원하는 행동을 반복하면, 점점 익숙해지면서 자연스럽게 좋은 습관으로 자리 잡을 수 있을 것입니다. 처음에는 의식적으로 노력해야 하지만, 꾸준히 실천하다 보면 어느 순간 습관이 되어 있을 것입니다.

POINT

✓ 익히고 싶은 습관을 정리할 수 있어요.

✓ 매일 간편하게 체크할 수 있어요.

✓ 정기적으로 습관이 자리 잡았는지 돌아볼 수 있어요.

3.3 일기 템플릿
나만의 일기를 만들어 보자!

여러분도 일기를 써보려 했다가 중간에 포기한 경험이 있지 않나요? 저 역시 일기에 대한 부담감이 있었고 항상 작심삼일로 끝나곤 했습니다. 하지만 Notion을 활용하면서 매일 일기를 쓰는 습관을 들일 수 있었습니다. 여기서는 제가 추천하는 일기 쓰는 방법을 소개합니다. 단순히 기록하는 것뿐만 아니라 나중에 돌아보며 회고할 수 있도록 활용하는 방법도 함께 정리했으니 참고해 보세요.

 **Rei**
겉보기에는 일기 같지 않지만, Notion만의 다양한 활용법이 담겨 있습니다!

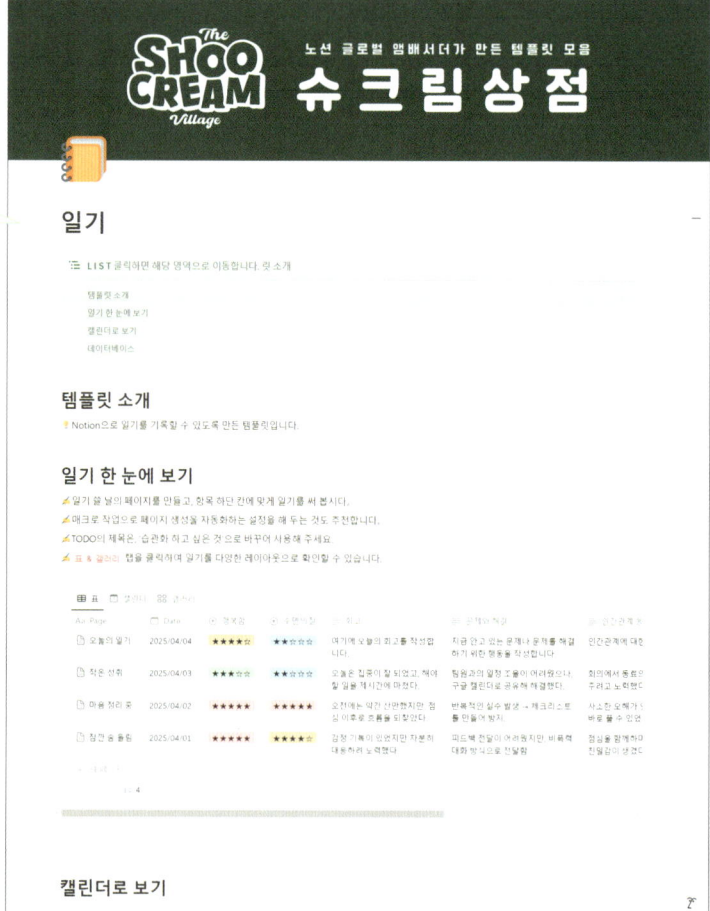

 [속성]을 활용해 하루하루를 기록해 보세요

일기장을 살펴보겠습니다. 여기서 소개하는 일기 작성 방법은 조금 독특합니다. 페이지 안에 직접 일기를 쓰는 것이 아니라 [속성]으로 일기를 기록하는 방식이죠. 이렇게 하면 나중에 작성한 일기를 더 쉽게 돌아볼 수 있습니다. 기록된 일기를 바탕으로 과거를 회고하는 방법은 뒤에서 자세히 설명하겠습니다.

이 일기 템플릿에서는 기본적으로 날짜와 몇 가지 회고 항목을 기록할 수 있습니다. 그날 있었던 일을 부담 없이 메모해 보세요. 깔끔한 문장을 쓸 필요 없이 떠오르는 것부터 자유롭게 적어나가는 것이 좋습니다. 데이터베이스에는 몇 가지 속성을 미리 준비해 두었습니다. 어렵게 생각하지 말고, '잘 잤는가?', '좋은 하루였는가?' 같은 회고 항목을 정해 두고 나중에 다시 보기 쉽게 정리하고 있습니다. 기록하고 싶은 내용이 있다면 자유롭게 속성을 추가해 보세요.

▲ [속성]으로 기록

넓은 시야로 하루를 되돌아보세요

[속성]을 활용해 일기를 작성하면 다양한 방식으로 하루를 돌아볼 수 있습니다. 예를 들어, [표] 레이아웃에서는 일기의 상세한 내용을 확인할 수 있고, [캘린더] 레이아웃에서는 '행복도'나 '수면의 질'을 한눈에 살펴보며 지난 시간들을 간편하게 정리하고 돌아볼 수 있습니다.

▲ [표] 레이아웃

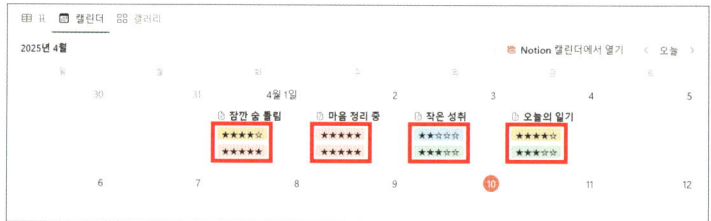

▲ [캘린더] 레이아웃

[속성]으로 일기를 기록하는 또 다른 장점은 필터를 적용할 수 있다는 것입니다. 예를 들어 행복도가 높았던 날을 기준으로 일기를 필터링해 보세요. 특정 조건으로 내용을 정리하여 '이런 행동을 하면 내 행복도가 높아지는구나'라는 등의 패턴을 객관적으로 파악할 수 있을지도 모릅니다. 단순히 기록하는 데 그치지 않고, 더 나은 하루를 만들기 위한 도구로 적극 활용해 보세요.

원하는 속성만 캘린더나 다른 레이아웃에 표시하려면 ❶ […]-[속성]을 선택한 다음 ❷ 표시할 속성의 ◉을 클릭하여 ◉으로 변경하면 해당 속성만 화면에 표시됩니다.

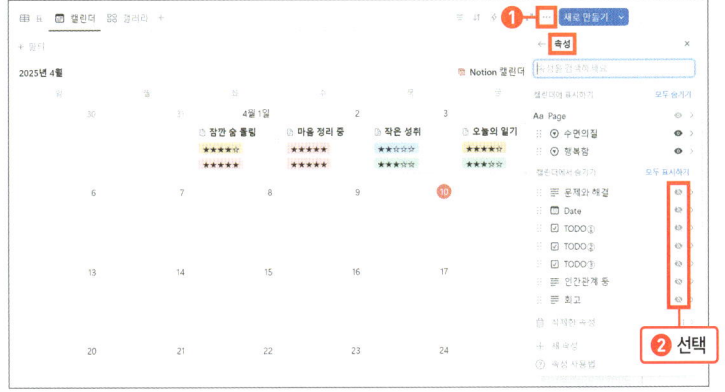

▲ 원하는 [속성]만 표시

 매일 볼 수 있는 곳에 배치해 보세요

일기 템플릿의 활용법을 익혔다면 이제 이 일기장을 매일 쉽게 접근할 수 있는 곳에 배치해 보세요. 일기 쓰기를 습관으로 만들려면 많은 고민과 시행착오가 필요합니다. 그중에서도 가장 중요한 것은 일기장을 어디에 배치할 것인지 고민하는 것입니다. 저는 Notion에서 여러 정보를 한눈에 볼 수 있는 '홈' 템플릿을 만들어 사용하며 여기에 일기를 가장 위에 배치했습니다.

▲ 홈 화면에 일기 배치

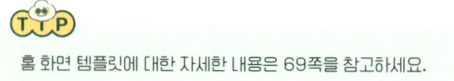

홈 화면 템플릿에 대한 자세한 내용은 69쪽을 참고하세요.

이밖에도 Notion 시작 시 특정 페이지를 자동으로 열기와 같은 설정을 적용하는 것도 추천합니다. 사이드바 맨 위로 드래그하여 일기 템플릿을 배치하거나 다음에 Notion을 열 때 바로 일기장이 표시되도록 설정할 수 있습니다. 자신에게 맞는 환경을 만들어 효율적으로 활용해 보세요.

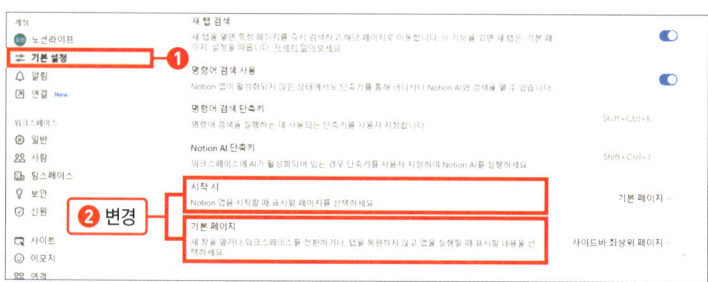

▲ 시작할 때 표시할 페이지 선택

 **일기는 Notion의 대표적인 활용 방법 중 하나입니다**

많은 사람이 일기 쓰기를 시작했다가 중간에 포기하는 경험을 합니다. 저 역시 부담감을 느껴 작심삼일로 끝나기 일쑤였지만, Notion을 활용하면서 조금씩 꾸준히 기록하는 습관을 들일 수 있었습니다. 이 템플릿은 단순히 하루를 기록하는 데 그치지 않고, 회고를 통해 경험을 분석하고 더 나은 방향을 찾을 수 있도록 돕습니다.

Notion의 [속성]을 활용하면 날짜, 감정, 컨디션 등을 한눈에 정리할 수 있으며, [필터] 기능을 통해 특정 조건에 맞는 기록을 쉽게 찾아볼 수 있습니다. 예를 들어 행복도가 높았던 날들만 필터링해 보면, 나에게 긍정적인 영향을 주는 요소들을 보다 객관적으로 파악할 수 있습니다. 이를 통해 단순한 기록을 넘어, 더 나은 하루를 설계하기 위한 의미 있는 회고가 가능해집니다.

> 일기 쓰기라고 하면 보통 밤에 하루를 돌아보며 기록하는 것을 떠올리기 쉽습니다. 하지만 밤이 되면 피곤해서 그냥 넘어가는 날도 많죠. 저는 매일 아침 Notion을 열고 전날 있었던 일을 일기에 적는 습관을 들이고 있습니다. 아침에 일기를 쓰는 것은 습관을 만들기 쉬운 방법 중 하나라고 생각합니다. 또한, 하루를 마무리하며 일기를 쓰면 반성할 부분이 많아지고, 부정적인 감정이 쌓일 수도 있습니다. 반면, 아침에 일기를 쓰면 하룻밤 자는 동안 생각이 정리되어 더 긍정적인 마음으로 기록할 수 있습니다.

- ✓ 자유롭게 나만의 일기를 만들어 보세요.
- ✓ 넓은 시야로 하루하루를 되돌아보세요.
- ✓ 일기 템플릿은 매일 보는 곳에 배치해 보세요.

3.4 버킷리스트 템플릿
죽기 전에 꼭 해 보고 싶은 일을 적어 보자!

『버킷리스트: 전에 꼭 하고 싶은 것들』이라는 영화를 아시나요? 이 영화는 죽기 전에 꼭 이루고 싶은 목표, 즉 '버킷리스트'를 주제로 합니다. 시한부 선고를 받은 두 남성이 남은 시간 동안 꿈을 이루기 위해 긍정적으로 살아가는 감동적인 이야기죠.

Notion은 이러한 소중한 목표를 정리하는 데 매우 적합한 도구입니다. 단순히 리스트를 작성하는 것만으로도 뿌듯함을 느낄 수 있고 앞으로의 인생 목표를 설정하는 데 큰 도움이 될 것입니다. 이번 기회에 여러분도 이루고 싶은 일들을 리스트로 작성해 보세요!

 Rei
이렇게 한곳에 정리해 두면 업데이트나 수정이 쉽다는 점도 이 버킷리스트의 장점입니다!

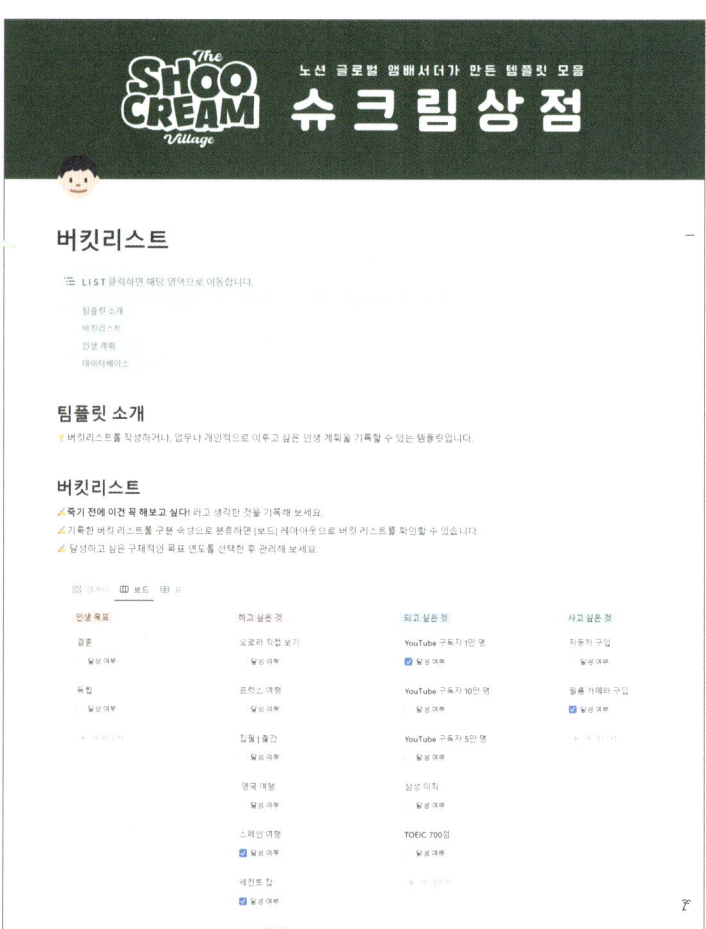

118

 죽기 전에 하고 싶은 일을 기록해 보세요

'버킷리스트(Bucket List)'는 영어 속어 'kick the bucket(양동이를 걷어차다)'에서 유래됐다고 합니다. 'kick the bucket'은 '죽다'라는 의미의 속어로, 교수형을 집행할 때 사람이 밟고 서 있던 양동이를 걷어찼다는 설에서 비롯되었다고 하죠. 원래 버킷리스트는 '죽기 전에 꼭 해 보고 싶은 일 목록'을 의미했지만, 이제는 꼭 죽음을 앞둔 상황이 아니더라도 오로라 보기나 배우고 싶은 기술 익히기처럼 '인생에서 한 번쯤 이루고 싶은 목표'를 뜻하는 말로도 널리 사용됩니다.

여러분도 자유롭게 버킷리스트를 작성해 보세요. 이직이나 독립 같은 큰 목표는 물론, 영국 여행 가기처럼 가고 싶은 곳이나 스노보드 타기처럼 도전해 보고 싶은 일도 포함할 수 있습니다. 리스트를 작성한 후에는 일, 개인 생활, 취미 등 태그를 활용해 카테고리를 정리해 보세요. 또한, 이직, 독립, 결혼 같은 중요한 항목에는 '인생 목표' 태그를 추가하고, 목표 연도를 연도 항목에서 선택할 수 있도록 설정해 두었습니다.

▲ 이루고 싶은 목표 작성

노슈니

버킷리스트를 [갤러리] 레이아웃으로 정리하면, 이미지와 함께 인생의 목표를 시각화할 수 있어요. 꿈이 더 선명하게 다가올 거예요.

이렇게 직접 적어 보면 자연스럽게 '이 목표를 이루려면 지금 무엇을 해야 할까?'라는 생각을 하며 현재를 더 의미 있게 보낼 수 있을 거예요. **목표가 크더라도 '꼭 이뤄내겠다!'는 긍정적인 마음가짐을 가질 수 있을 것입니다.**

▲ 달성하고 싶은 목표와 [속성] 기록

 [속성]별 버킷리스트를 확인해 보세요

버킷리스트를 정리했다면, 이제 영화 속 두 주인공처럼 하나씩 실천해 나갈 차례입니다. 하지만 리스트가 많다면 원하는 항목을 찾기 어려울 수도 있습니다. 이럴 때는 **[보드]** 레이아웃을 활용해 '인생 목표', '하고 싶은 것', '되고 싶은 것' 등 선택한 **[속성]**별로 하고 싶은 일을 정리해 보세요. 버킷리스트를 **[속성]**으로 정리하면 목표가 훨씬 더 명확하게 보일 것입니다.

▲ [보드] 레이아웃

버킷리스트를 달성하고 체크해 보세요

버킷리스트를 달성했다면 해당 항목에 체크 표시를 해 주세요. 또한, 페이지의 '연도' 항목에 달성한 연도를 기록해 두면 한 해가 끝날 때 목표를 되돌아보며 언제 이루었는지 쉽게 확인할 수 있습니다. 체크된 항목이 얼마나 늘었는지 세어보는 것도 좋은 방법입니다. 체크된 항목이 많아질수록 성취감이 커지고 자연스럽게 더 많은 목표를 이루고 싶다는 동기가 부여될 거예요.

▲ 달성한 항목은 체크

중요한 인생 이벤트 확인할 수 있어요

하고 싶은 일을 정리할 때 '사고 싶은 것', 되고 싶은 것', '인생 목표' 태그를 추가했을 것입니다. '인생 계획'에서는 이러한 태그가 붙은 이벤트만 표시되도록 필터를 설정해 두었습니다. 달성하고 싶은 연도와 카테고리별로 라이프 이벤트를 한눈에 정리할 수 있어, 목표를 더욱 구체적으로 계획하기 쉬워집니다. 또한, 확인용 표로도 유용하게 활용할 수 있으니, 하고 싶은 일 리스트와 함께 인생 계획을 세워보세요.

▲ 연도별 태그로 버킷리스트 확인

✓ 인생에서 한 번쯤 이루고 싶은 목표를 고민해 보세요.

✓ ToDo 리스트로 활용할 수도 있어요.

✓ 연도별 인생 계획을 만들어 보세요.

Chapter 4

메모 & 노트

4.1 대학 템플릿
바쁜 대학 생활을 잘 해내고 싶어요

대학 생활 중에는 '시간표 정하기', '노트 필기', '시험 준비'처럼 매 학기 반복되는 일이 많습니다. 제가 대학생이었을 때는 Notion 같은 도구가 없어 대학 포털 사이트나 Evernote 등 여러 도구를 병행해 사용해야 했습니다. 하지만 Notion을 활용하면 강의나 과제 관리를 위한 메모와도 잘 어울리고, 한 번 자신만의 대학 템플릿을 만들어 두면 학기마다 복제하여 재사용할 수 있어 매우 효율적입니다.

 Rei
대학 생활에 필요한 정보를 한곳에 메모해 두면, 앞으로는 관련 정보를 Notion에서만 확인하면 된다는 안도감과 신뢰가 생길 거예요.

 학점을 계산하며 시간표를 짜 보세요

대학 생활에서 가장 먼저 고민하게 되는 것 중 하나는 이수 학점입니다. 필요한 학점을 채우면서 시간표를 짜는 일은 꽤 복잡한 작업이죠. 하지만 Notion을 활용하면 학점을 자동으로 계산하고, 시간표도 자동으로 생성할 수 있어 한 학기를 보다 효율적으로 계획할 수 있습니다.

먼저, '시간표·과목 한 눈에 보기'의 [표_시간표] 레이아웃에서 필수 과목이나 관심 있는 과목을 메모하세요. 요일, 교시, 학점 등의 항목도 차례대로 입력하면서 정리하면 됩니다. 학점을 입력하면 표 아래에 총 학점이 자동으로 계산됩니다. 전체 학점을 확인하면서 요일이나 교시가 겹치지 않도록 조정해 가며 수강할 과목을 선택해 보세요.

▲ 입력할 때는 [표_시간표] 레이아웃 활용

여기에서는 예시로 아래와 같은 항목들을 속성으로 추가해 두었습니다. 이외에도 원하는 항목이 있다면 자유롭게 추가해 보세요.

- 요일
- 시간
- 학점
- 강의실
- 평가기준
- 메모

시간표가 자동으로 완성됩니다

[표_시간표] 레이아웃에서 수강할 과목을 메모했다면 [보드_시간표] 레이아웃에서 수강 과목을 시간표 형태로 확인해 보세요. 선택한 과목들이 자동으로 반영되어 한 주의 일정을 한눈에 볼 수 있습니다. 평소에는 [보드_시간표] 레이아웃을 활용해 매일의 시간표를 확인하면 됩니다. 과목이 요일별로 색상으로 구분되어 있어 수업 일정을 쉽게 파악할 수 있습니다.

▲ 평소에는 [보드_시간표] 레이아웃 활용

시험과 과제 일정도 메모하세요

대학에서는 시험, 과제, 퀴즈, 중간고사 등 다양한 평가가 끊임없이 이어집니다. 여러 강의를 동시에 수강하다 보면 마감일이나 시험 범위를 잊기 쉬우므로 미리 메모해 두는 것이 좋습니다.

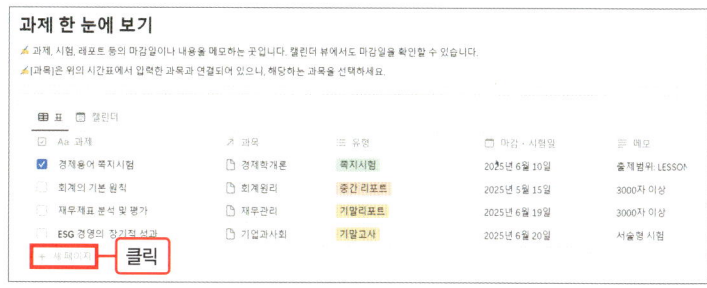

▲ 과제 메모

❶ 과제가 주어지면 '과제 한 눈에 보기'의 [표] 레이아웃에서 [+새 페이지]를 클릭합니다. '과목'은 앞서 시간표를 만들 때 등록한 과목과 연결되어 있으므로, 해당 과목을 선택하면 됩니다. ❷ 시험, 레포트 등 과제 유형을 설정하고 중요한 마감일이나 시험 날짜를 선택하세요. ❸ 문자 수 제한이나 시험 범위 등도 메모에 함께 기록해 두면 확인할 때 편리합니다. 또한, 과제 일정은 자동으로 [캘린더] 레이아웃에도 반영되므로 마감일이나 시험 날짜를 기준으로 일정을 쉽게 관리할 수 있습니다.

▲ 세부 사항과 날짜 입력

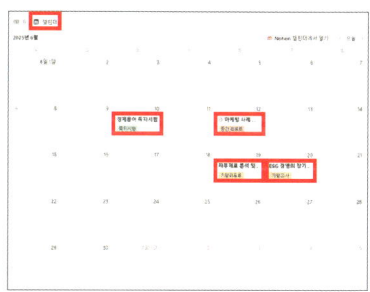

▲ [캘린더] 레이아웃에서 전체 과제 보기

 강의 노트도 Notion을 활용하세요

종이에 필기하면 점점 쌓여서 관리하기 어려워지지만, 디지털 노트인 Notion을 사용하면 노트북이나 태블릿 하나만으로도 간편하게 정리

할 수 있습니다. 또한, 요즘은 온라인 강의가 많아지고 있어 강의 화면을 스크린샷으로 저장하거나 자료를 첨부할 수 있는 기능도 Notion의 큰 장점이 될 수 있습니다.

▲ 강의 노트 활용

노트를 정리할 때는 '강의 노트'에서 새 페이지를 생성해 보세요. 제목에 강의명을 입력한 뒤 해당 과목을 선택합니다. 이 과목은 시간표에서 등록한 과목과 연동되어 있으며, 수강 날짜를 선택한 후 페이지에 필기하듯이 노트를 작성하면 됩니다. 노트의 가독성을 높이기 위해 [목차] 블록을 먼저 추가하는 것을 추천합니다. 내용을 한눈에 정리할 수 있어 더 편리하게 확인할 수 있습니다. 작성한 노트는 자동으로 [보드_과목별] 레이아웃에서 과목별로 정리되며, [캘린더] 레이아웃에서는 수강 날짜에 따라 정리된 노트를 확인할 수 있습니다.

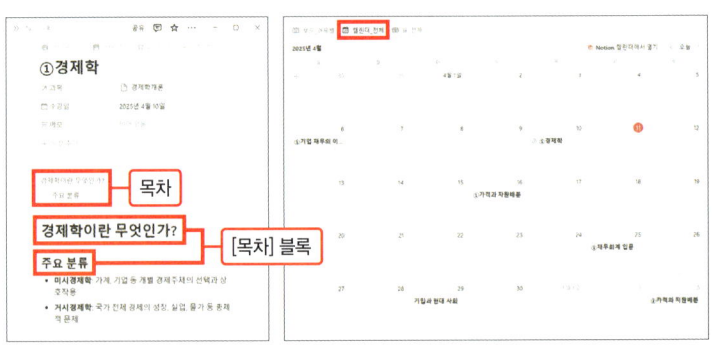

▲ 목차 블록 활용　　　　▲ 전체 노트 확인

대학 생활에서 흔히 있는 일 중 하나가 바로 노트를 서로 공유하는 일입니다. 저 역시 학창 시절, 친구들에게 노트를 빌려주거나 빌려서 도움을 받곤 했습니다. 이런 노트 공유도 Notion을 활용하면 훨씬 간편하고 효율적으로 할 수 있습니다. 공유하고 싶은 노트 페이지의 오른쪽 위에 있는 [공유] 버튼을 클릭해 친구를 해당 페이지에 초대하거나, URL을 생성해 손쉽게 공유해 보세요.

▲ 목차 블록 활용

특히 Notion은 실시간으로 내용을 수정하거나 댓글을 달 수 있어, 단순한 자료 전달을 넘어 함께 내용을 보완하거나 의견을 주고받는 협업 도구로도 매우 유용합니다. 노트를 공유하면서 서로의 생각을 더하고 수정하는 과정이 자연스럽게 이루어져 공부 효율도 더욱 높일 수 있습니다.

✓ 간편하게 대학 시간표를 만들 수 있어요.
✓ 다양한 평가의 마감일을 관리할 수 있어요.
✓ 강의 노트도 디지털로 완성할 수 있어요.

4.2 디지털 책장 템플릿
읽은 책과 읽고 싶은 책을 정리하는 방법

많은 책을 읽고 그 당시에는 감동을 받거나 업무에 도움이 되었지만 시간이 지나면 점점 잊히는 경우가 많습니다. 저 역시 오래 기억하고 싶은 책은 가까운 곳에 두고 자주 펼쳐 보지만 점차 기억이 흐려지는 책들도 적지 않습니다.

이럴 때 추천하는 것이 바로 이 디지털 책장 템플릿입니다. Notion을 독서에 활용하면 다음에 읽고 싶은 책을 정리할 수 있을 뿐 아니라 감상을 기록함으로써 책의 내용을 더 오래 또렷하게 기억할 수 있습니다.

 Rei
Notion을 활용하면 제목과 표지가 깔끔하게 정리됩니다. 아무리 많아져도 부담 없이 관리할 수 있다는 점이 디지털 책장의 장점이죠!

 나만의 책장을 만들어 보세요

 노슈니

책은 읽고 나면 금방 잊혀지곤 해요. 이렇게 감상과 인상 깊은 문장을 함께 기록해 두면, 책이 온전히 내 것이 돼요.

요즘은 바쁜 일상 속에서 책을 읽지 않는 사람이 점점 많아지고 있습니다. 하지만 책을 읽는 습관은 여전히 소중합니다. 문해력과 사고력을 키우는 데 큰 도움이 될 뿐만 아니라, 마음을 다스리거나 새로운 시각을 얻는 데도 좋은 자극이 되죠. 문제는 한 번 읽고 나면 금세 잊어버리는 경우가 많다는 점입니다. 그래서 **책을 읽는 데서 그치지 않고 내용을 정리하고 기록해 두는 습관이 중요합니다.**

Notion을 활용하면 독서 기록이 훨씬 더 쉬워집니다. 책 제목, 저자, 읽은 날짜는 물론, 인상 깊었던 문장이나 느낀 점까지 체계적으로 정리할 수 있죠. 읽은 책뿐 아니라 읽고 싶은 책까지 함께 정리해 두면 독서 습관을 꾸준히 이어가는 데 큰 도움이 됩니다.

먼저, 지금까지 읽은 책들을 '읽은 책 목록'에 등록해 보세요. 모든 책을 한꺼번에 정리하기는 어려우니 책장에 남아 있는 책이나 '이 책 정말 좋았지!' 또는 '다시 읽고 싶은 책'처럼 기억에 남아 있는 책들부터 하나씩 추가해 보는 것을 추천합니다.

▲ 기억에 남는 책부터 등록

새 페이지를 생성한 후 페이지 제목에 등록할 책 제목을 입력하면, '읽은 책 리스트'에 해당 책이 자동으로 등록됩니다. 책의 장르를 선택하고 기억하고 있다면 읽은 날짜와 개인적인 평가도 함께 기록해 보세요. 이외에도 감상이나 기억해 두고 싶은 내용을 메모하거나 구매처 URL을 입력해 두면 나중에 친구에게 추천할 때 바로 공유할 수 있어 편리합니다. **이 템플릿의 속성 이외에도 읽은 책을 정리하면서 추가하고 싶은 속성이 있다면 자유롭게 추가해 보세요.**

노슈니

저는 책을 자주 빌려주는 편이라 '빌려준 사람', '대여일', '반납 여부' 등의 속성을 추가해 관리하고 있어요. 덕분에 마음 편히 빌려줄 수 있답니다.

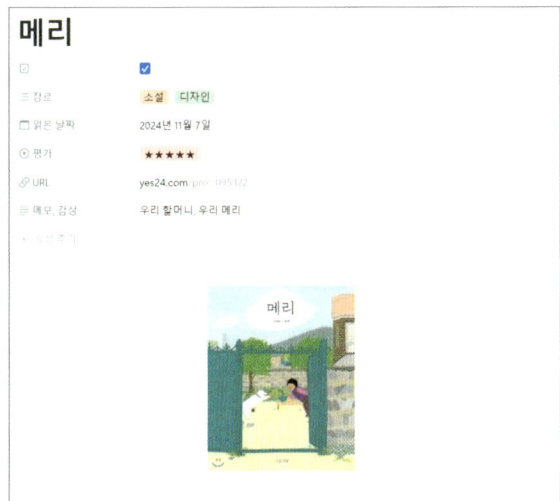

▲ 각 속성에 맞게 기록

[갤러리] 레이아웃에서는 등록한 책의 표지를 이미지로 확인할 수 있으므로 각 페이지에 책 표지 이미지를 함께 추가하는 것도 추천합니다. 이렇게 하면 책 목록을 보다 직관적이고 보기 좋게 정리할 수 있습니다.

▲ 표지 이미지를 [갤러리] 레이아웃에서 확인

 읽고 싶은 책도 메모해 두세요

읽고 싶은 책을 발견했을 때, '지금 보고 있는 책을 다 읽은 뒤에 사야지', '여행 가서 읽어봐야지'라고 생각하며 미뤄두는 경우가 있죠? 이럴 때 잊어버리지 않도록 '읽고 싶은 책 목록'에 메모해 두세요. 디지털 책장에 정리해 두면 책 제목뿐만 아니라 작가, 장르, 기대하는 이유, 구매 예정일 등도 함께 기록할 수 있어 나중에 쉽게 다시 찾아볼 수 있습니다. 이렇게 목록을 쌓아두면 책을 고를 때 고민하지 않고 바로 선택할 수 있는 장점도 있습니다.

▲ 읽고 싶은 책도 등록

'읽고 싶은 책 목록'에 책을 추가하는 방법은, 읽은 책을 기록하는 것과 같이 간단합니다. 새 페이지를 생성한 뒤 책 제목과 속성을 입력하면 되고 책을 더 쉽게 찾아볼 수 있도록 각 페이지에 책 표지 이미지를 함께 추가해 두는 것도 좋은 방법입니다.

'읽고 싶은 책 리스트'에 있던 책을 실제로 읽었다면, 그 책을 '읽은 책 리스트'로 옮겨야 합니다. 이 두 리스트는 하나의 데이터베이스에서 [필터]만 다르게 적용한 것이므로, 체크박스에 체크 표시만 하면 자동으로 '읽은 책 리스트'로 옮겨집니다. 체크 표시를 하기 전에 읽은 날짜, 평가, 감상 등을 함께 메모해 두면 디지털 책장의 기록을 더 풍부하게 남길 수 있습니다.

▲ 읽은 책은 체크하고 메모

 **[필터]로 책을 쉽게 찾을 수 있어요**

읽은 책이 많아지면 책을 찾는 일이 점점 어려워질 수 있습니다. 이럴 때는 [표_전체] 레이아웃의 [필터] 기능을 활용해 책을 찾아보세요. 누군가에게 책을 추천할 때나 특정 장르의 책을 바로 찾을 수 있어 유용합니다.

예를 들어, 소설 책 중 별점이 높은 책을 찾고 싶다면, '장르'를 [소설], '평가'를 [★4]와 [★5]로 설정하면 됩니다. 이렇게 하면 책이 많아져도 원하는 책을 쉽게 찾을 수 있습니다.

▲ 찾고 싶은 조건으로 필터링하기

이렇게 디지털 책장 템플릿을 활용하다 보면, 어느새 더 많은 책을 읽고 싶어질 것입니다. 정리된 목록이 쌓일수록 작은 성취감이 생기고, 비어 있던 책장을 하나씩 채워 나가는 재미도 꽤 쏠쏠하죠. 비록 물리적인 공간은 아니지만, 나만의 독서 흔적이 차곡차곡 쌓여 가는 디지털 책장을 바라보는 것만으로도 다시 책을 펼치고 싶은 마음이 들 수 있습니다.

지금 당신의 책장은 어떤 모습인가요? 이제는 Notion 위에, 나만의 책장을 한 칸씩 채워볼 차례입니다.

✓ 나만의 디지털 책장을 만들어 보세요.
✓ 감상과 평가를 기획해 보세요.
✓ 찾아보기 쉽게 정리해 보세요.

4.3 스터디 플래너 템플릿
공부 일정이나 노트는 Notion으로 대체할 수 있다

공부할 때 사용하는 노트는 어느 순간 여러 권으로 늘어나 있곤 합니다. 시간이 지나 다시 찾아보려 할 때면 그 노트를 어디에 뒀는지 기억나지 않아 한참을 헤매게 되는 경우도 있죠. 이럴 때 Notion을 활용하면 모든 노트를 디지털로 통합해 관리할 수 있고 [속성] 기능을 이용해 강의나 과목별로 간편하게 정리할 수 있습니다. 게다가 작성한 노트가 일정과도 연결되기 때문에 계획부터 기록, 복습까지 공부의 전 과정을 한곳에서 손쉽게 관리할 수 있습니다.

 Rei

공부 스케줄이나 노트뿐만 아니라 간단한 목표를 기록할 수 있는 공간도 마련해 두었습니다. 일정과 목표를 함께 관리해야 하는 상황에도 유용하게 활용할 수 있을 거예요!

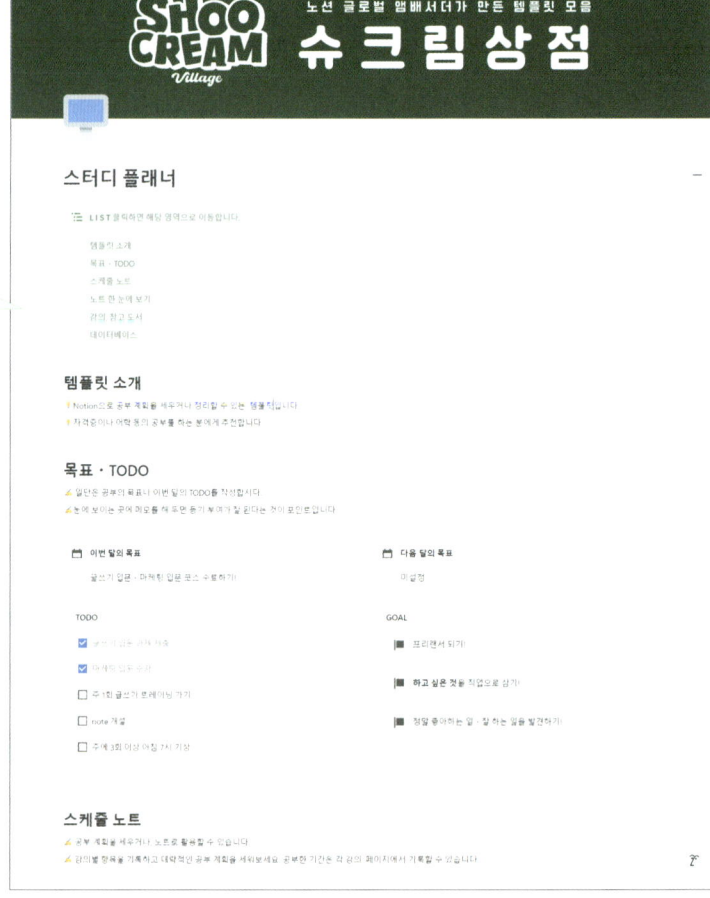

 ## 공부 목표와 ToDo를 정리해 보세요

공부를 시작하기 전에 이 공부를 왜 하는지 그리고 공부를 통해 어떻게 성장하고 싶은지부터 생각해 보세요. 그리고 이 목표를 눈에 잘 띄는 곳에 메모해 두면 공부에 대한 동기부여를 오래 유지하는 데 도움이 됩니다. 또한 매월 초에는 이번 달의 목표와 해야 ToDo를 함께 정리해 보세요. 한 달 단위로 구체화해 두면 지금 무엇을 해야 할지 훨씬 명확해지고 공부에 집중하기가 훨씬 수월해 집니다.

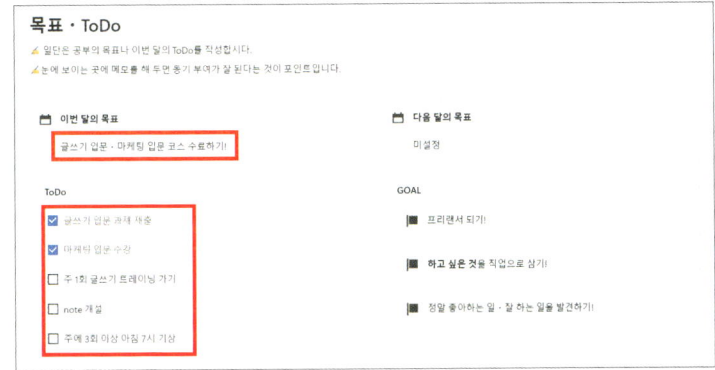

▲ 목표와 ToDo 정리

 ## 공부 스케줄을 세워보세요

목표와 ToDo를 정리했다면 그에 맞춰 공부 스케줄을 정리해 보세요. 이때는 데이터베이스의 **[타임라인]** 레이아웃을 활용하면 좋습니다. 먼저 각 강의나 챕터 등 필요한 항목을 정리하고 전체 공부 일정을 배치해 보세요. **[타임라인]** 레이아웃은 주별 일정 관리에 유용하고 흐름을 한눈에 파악할 수 있다는 장점이 있습니다. 또한 이 스케줄의 각 항목은 이후에 그대로 노트로 활용되기 때문에 '분야' 속성을 미리 설정해 두면 정리할 때 더 유용합니다.

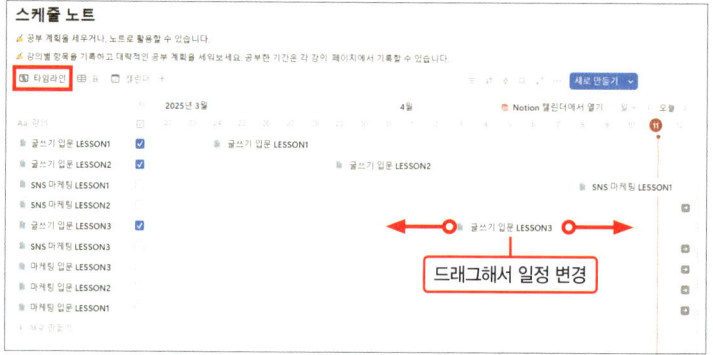

▲ 스케줄 정리 및 일정 관리

공부가 계획대로 진행되지 않을 때, 스케줄을 다시 조정하는 일이 꽤 번거롭게 느껴질 수 있습니다. 하지만 Notion의 **[타임라인]** 레이아웃을 활용하면, 예상보다 일정이 밀렸을 때도 타임라인 바를 드래그하는 것만으로 간편하게 일정을 조정할 수 있습니다.

계획은 언제나 완벽하게 지켜지기 어렵기 때문에, 유연하게 수정할 수 있는 구조를 미리 만들어 두는 것이 중요합니다. Notion에서는 일정 변경이 쉽고 직관적이기 때문에 부담 없이 계획을 조정하면서도 공부의 흐름을 자연스럽게 이어갈 수 있습니다. 이처럼 변화에 따라 유동적으로 대응할 수 있는 환경은 꾸준한 학습 습관을 만들어가는 데 큰 도움이 됩니다.

 노트도 Notion에 정리해 보세요

공부를 할 때는 스케줄을 정리하며 만들어 두었던 각 항목의 페이지 안에 공부 노트를 직접 작성해 보세요. 노트를 Notion에 정리해 두면 PC나 태블릿 하나로 간편하게 관리할 수 있어, 언제 어디서든 손쉽게 공부할 수 있다는 점이 큰 장점입니다.

▲ 데이터베이스에 입력한 일정을 노트로 활용

노트는 종이에 필기하듯 자유롭게 작성하면 됩니다. 강조하고 싶은 부분이 있다면, 문자 배경색을 변경하거나 [콜아웃]을 사용해 텍스트를 박스로 감싸 가독성을 높여 보세요. 또한, 공부한 날짜가 처음 계획한 일정과 달라졌다면 실제 공부한 날짜로 수정해 두는 것이 좋습니다. 스케줄은 기록의 역할도 하기 때문에 언제 공부했는지와 노트 내용을 함께 확인할 수 있어 복습이 훨씬 수월해 집니다. 그리고 그날의 공부가 끝났다면 체크박스에 완료 표시를 해 두는 것도 추천합니다.

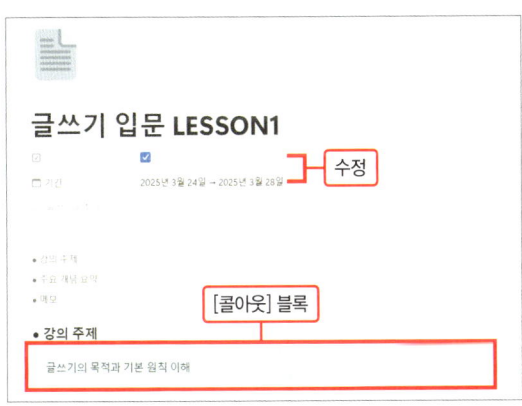

▲ 페이지에 태그 표시

139

 ## 노트를 활용한 복습도 간편해요

'스케줄 노트' 아래에는 필기한 내용을 쉽게 돌아보며 복습할 수 있도록 정리된 '노트 한 눈에 보기'를 준비해 두었습니다. Notion을 활용하면 공부 중 메모해 둔 내용을 언제든지 빠르게 확인할 수 있어 복습에 유용합니다. 작성한 노트를 항목별로 정리해 두면 이전에 남긴 기록을 보며 학습 내용을 잘 이해하고 있는지도 점검할 수 있습니다. 또한 필요한 정보를 한눈에 확인할 수 있는 구조 덕분에 반복 학습이 훨씬 수월해 집니다.

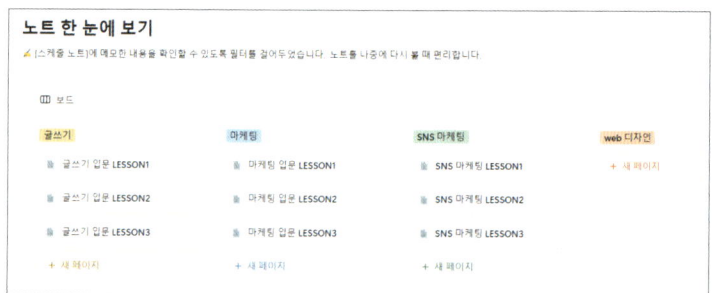

▲ 필기한 노트로 복습

 ## 이벤트와 참고 도서도 메모할 수 있어요

마지막으로 현재 참여 중인 강의나 웨비나 같은 학습 이벤트 그리고 읽고 싶은 참고 도서를 메모할 수 있는 공간도 준비해 두었습니다. 실시간 강의나 워크숍에 참여하며 느낀 점이나 중요한 내용을 이곳에 기록해 두면 나중에 복습하거나 정리할 때 도움이 됩니다. 공부에 도움이 되는 자료나 활동도 함께 정리해 보세요. 작은 기록이 쌓이면 학습의 흐름을 놓치지 않고 이어가는 데 큰 힘이 됩니다.

▲ 참고 자료도 한 곳에서 관리

✓ 공부 스케줄을 쉽게 계획하고 관리할 수 있어요.

✓ 노트 관리가 편리해요.

✓ 디지털 노트로 간편하게 휴대할 수 있어요.

4.4 영어 단어장 템플릿
나만의 단어장, 맞춤형으로 만들어보자!

영어를 비롯해 어떤 단어든 외우고 싶을 때 Notion을 활용하면 훨씬 편리합니다. 나만의 맞춤형 단어장을 자유롭게 만들 수 있어서죠. 저는 예전에 영어를 공부하면서 '같은 단어를 여러 번 틀린다', '예문이 내 상황과 관련이 없어서 외우기 어렵다', '사진과 함께 암기하고 싶다'는 고민이 있었습니다. 단어 암기용 앱이나 서비스는 많지만, 완전히 내게 맞는 것을 찾기란 쉽지 않죠. 이 템플릿을 활용하면 자신만의 스타일에 맞게 구성할 수 있어 보다 효과적으로 암기에 활용할 수 있습니다.

 Rei

Notion에 단어를 직접 정리하다 보면 그 과정 자체가 자연스러운 복습이 되어 암기에 훨씬 효과적이에요. 한 번쯤 이렇게 정리해 보면 정말 도움이 됩니다!

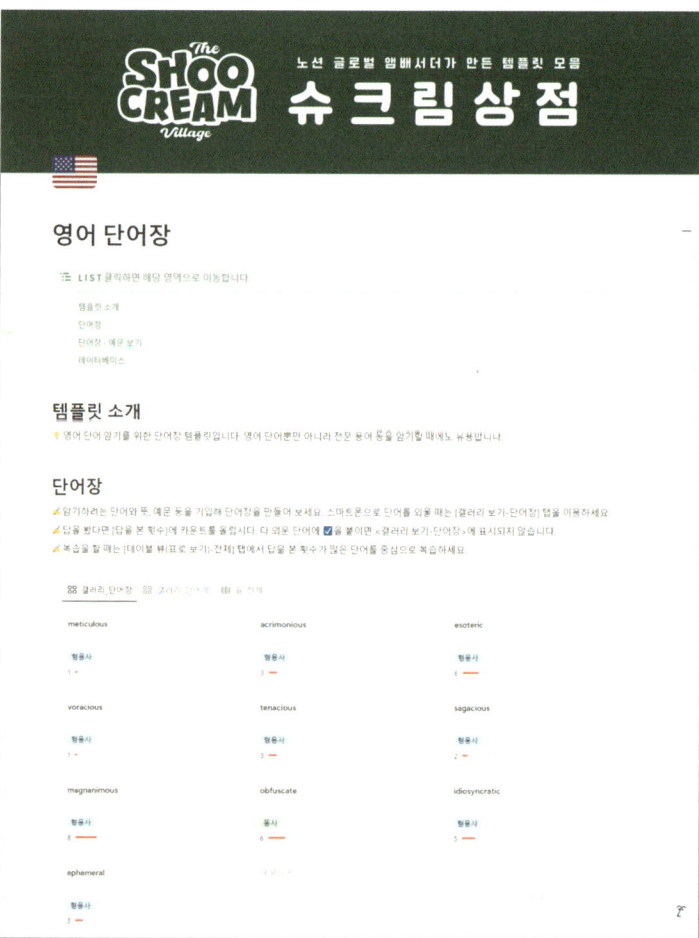

142

 ## 외우고 싶은 단어를 등록해 보세요

먼저, 외우고 싶은 단어를 단어장에 메모합니다. 이 단어장 템플릿은 영어는 물론, 다른 언어나 전문 용어를 암기할 때에도 활용할 수 있습니다. 여기서는 영어 단어를 예로 들어 사용 방법을 소개합니다. 우선 '단어장'에 새로운 페이지를 만들어 주세요.

▲ [+새 페이지] 만들기

제목에는 외우고 싶은 영어 단어를 입력합니다. 페이지를 만든 후에는 속성을 채워 넣습니다. 명사, 동사 등 단어의 품사를 선택하고 해당 단어의 뜻을 적습니다. 예문이 있다면 예문과 그 번역도 함께 정리해 보세요. 이렇게 하면 나만의 디지털 단어장이 완성됩니다.

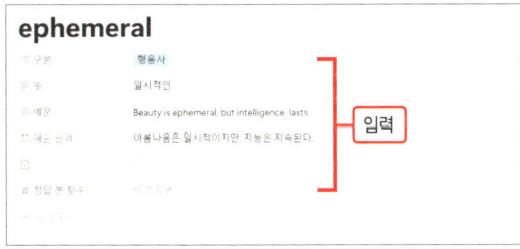

▲ 암기할 단어 등록

물론 이렇게 직접 단어와 속성 등을 입력하는 것이 번거롭게 느껴질 수도 있지만 암기하고 싶은 내용을 한 번 더 떠올리며 정리하는 이 과정 자체가 기억을 더 오래 남기는 데 자연스럽게 도움이 됩니다. 이 템플릿에 추가된 속성 외에도 필요한 속성이 있다면 자유롭게 추가해 보세요.

 스마트폰으로 단어를 암기해 보세요

단어장에 암기할 단어를 등록했다면 이제 본격적으로 단어를 외워볼 차례입니다. 단어 암기에는 [갤러리_단어장] 레이아웃을 활용합니다. 스마트폰으로 단어장을 열면 종이 단어장처럼 넘겨보며 사용할 수 있어 직관적이고 편리합니다. 위에서부터 차례대로 단어의 의미를 먼저 떠올린 뒤, 페이지를 탭해 번역을 확인해 보세요. 단어를 외웠다면 체크박스에 표시하며 학습을 이어가면 됩니다.

 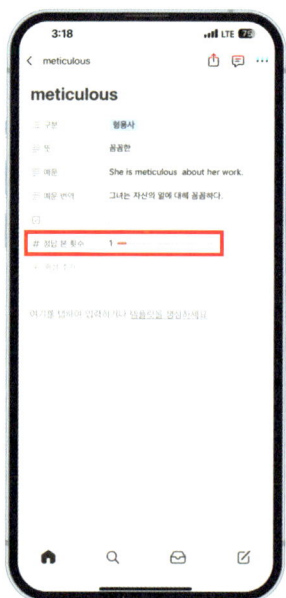

▲ 단어장을 보면서 암기하기 　　▲ 정답을 확인했다면 숫자 입력

뉴스나 기사 등을 읽다가 새롭게 알게 된 단어나 외우고 싶은 표현이 생기면, 스마트폰을 이용해 바로 단어장에 추가해 보세요. 종이 단어장은 펜이나 필기할 수 있는 종이가 필요하지만 스마트폰에서는 언제 어디서든 간편하게 단어장을 업데이트할 수 있어 훨씬 편리합니다.

 효율적으로 학습할 수 있어요

암기한 단어의 체크박스에 표시를 하면, '갤러리_단어장'에서 자동으로 제외됩니다. 즉, 자연스럽게 외우지 못한 단어만 남는 구조로 암기해야 할 단어에만 집중할 수 있게 됩니다. 이미 외운 단어는 반복해서 볼 필요 없이 정말 외우기 어려운 단어만 집중적으로 학습할 수 있어 더욱 효율적으로 공부할 수 있습니다.

어느 정도 단어를 암기했다면 [표_전체] 레이아웃을 활용해 복습해 보세요. 이 레이아웃에서는 단어의 번역과 예문을 한눈에 확인하며 점검할

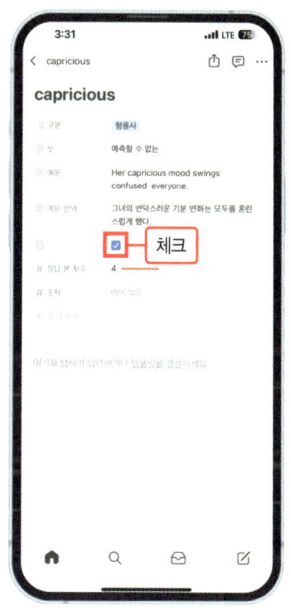
▲ 외운 단어는 체크

수 있어 복습에 효과적입니다. 단어와 번역을 다시 보며 복습하는 것도 좋지만 예문을 활용한 학습도 추천합니다.

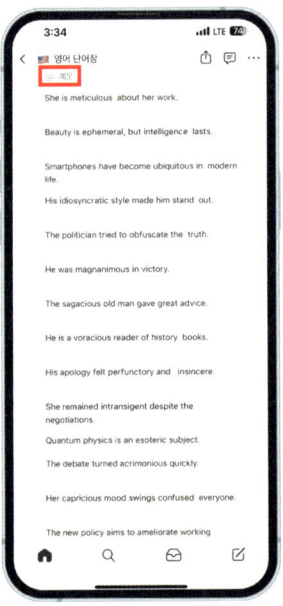

▲ 단어를 한눈에 볼 수 있는 단어장

스마트폰에서는 예문만 화면에 표시할 수 있으므로 번역을 먼저 떠올린 후 오른쪽으로 스크롤해 정답을 확인하는 방식으로 활용해 보세요. 또한 '정답을 본 횟수'가 많은 단어는 잘 외워지지 않았다는 신호일 수 있으니 집중적으로 복습해 두면 더욱 효과적인 학습이 가능합니다.

▲ 스마트폰에서 예문만 보면서 학습

✓ 암기할 단어를 등록하여 자연스럽게 학습할 수 있어요.

✓ 스마트폰에서 간편하게 확인할 수 있어요.

✓ 틀린 횟수도 시각적으로 확인할 수 있어요.

4.5

웹 페이지 북마크 템플릿
나중에 읽을
웹 페이지를 저장해보자!

홈페이지나 블로그 같은 웹 페이지를 보다 보면, 나중에 천천히 읽고 싶다 들거나, 멋진 페이지라서 저장해 두고 싶을 때가 있습니다. 이럴 때 Notion을 활용하면 웹 페이지를 손쉽게 스크랩하고 체계적으로 관리할 수 있습니다. Notion으로 나만의 웹 페이지 리스트를 만들어 정리하면 즐겨찾기가 뒤죽박죽 섞여 있는 사람이나 정기적으로 방문하는 웹 페이지가 많은 사람에게 매우 유용합니다. 웹 페이지를 효율적으로 모아두고 싶다면 꼭 한 번 활용해 보세요.

 Rei
언제, 어떤 페이지를 저장했는지 한눈에 확인할 수 있어 읽고 싶은 콘텐츠를 모아 둔 아카이브로 활용할 수 있습니다!

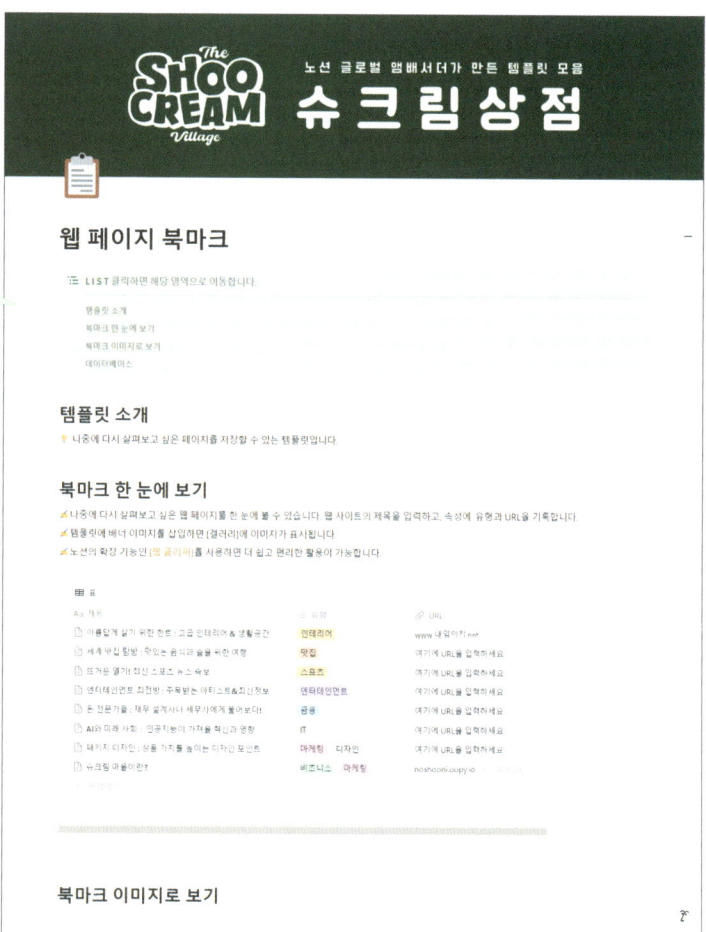

147

 **페이지를 저장해 보세요**

'북마크 한 눈에 보기'에 나중에 천천히 읽고 싶다는 생각이 들거나, 멋진 페이지라서 저장하고 싶은 웹 페이지가 있다면 바로 목록에 추가해 보세요.

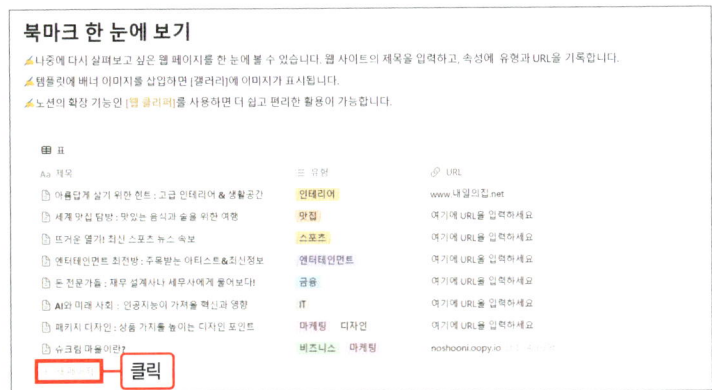

▲ 페이지에 태그 표시

웹 페이지를 직접 저장하려면, [+ 새 페이지]를 클릭한 후 제목을 입력하고 태그로 해당 기사의 유형을 선택합니다. 마지막으로 URL에 페이지의 링크를 입력하면 저장이 완료됩니다. 또한 저장하는 웹 페이지의 글이나 주요 이미지를 함께 추가해 두면, [갤러리] 레이아웃에서 시각적으로 더 쉽게 찾을 수 있어 추천합니다.

웹 페이지의 제목이나 URL을 일일이 입력하는 것이 번거롭게 느껴진다면 브라우저 확장 기능을 활용해 저장해 보세요. 가장 추천하는 방법은 Notion의 공식 확장 기능인 'Web Clipper'를 사용하는 것입니다. 이 기능을 사용하면 Notion에 웹 페이지를 간편하게 저장할 수 있습니다.

Web Clipper로 웹 페이지를 저장하려면 저장하고 싶은 웹 페이지에서 확장 기능의 Notion 아이콘을 클릭한 뒤 저장 위치로 '웹 페이지 북마크' 템플릿을 선택하면 됩니다. 이때 '유형' 속성도 함께 지정할 수 있습니다.

'Web Clipper'의 가장 큰 장점은, 웹사이트의 텍스트는 물론 이미지까지 그대로 Notion에 저장된다는 점입니다. 특히 **[갤러리]** 레이아웃을 사용하는 경우, 배너 이미지가 자동으로 함께 추가되어 더욱 편리하게 정리할 수 있습니다.

▲ Web Clipper로 추가하기

 저장한 웹 페이지를 관리해 보세요

저장한 페이지는 **[표]** 레이아웃과 **[갤러리]** 레이아웃에서 모두 확인할 수 있습니다. 특히 **[표]** 레이아웃에서는 **[필터]** 기능을 활용해 원하는 조건의 페이지를 쉽게 찾을 수 있습니다. 예를 들어 특정 유형의 페이지를 읽고 싶을 때는 '유형'에 필터를 적용하면, 원하는 유형의 속성이 지정된 페이지만 골라서 볼 수 있어 편리합니다.

▲ 원하는 유형만 필터링

[갤러리] 레이아웃에서는 저장한 웹 페이지를 이미지로 확인하며 찾을 수 있습니다. 대표 이미지를 보면서 선택할 수 있기 때문에 내용 파악이 더 쉬워지고 원하는 정보를 빠르게 찾는 데 도움이 됩니다. 저장한 웹 페이지가 많아져 찾기 어려울 때는 [표] 레이아웃에서 [필터] 기능을 활용하면 더 편리하게 정리할 수 있습니다.

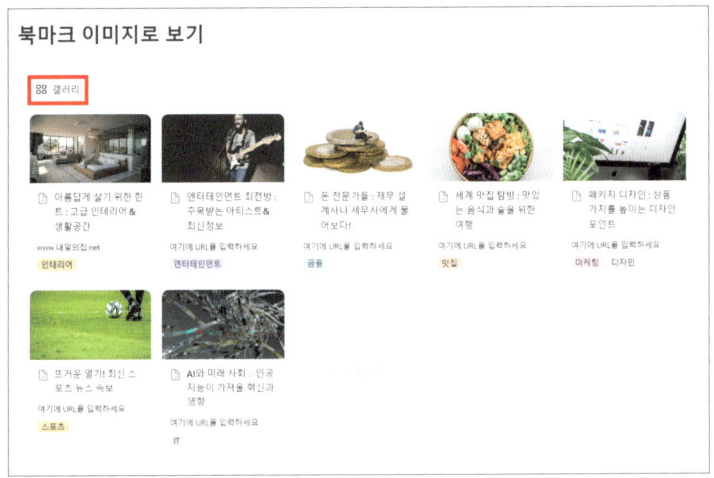

▲ 대표 이미지 표시

이 템플릿은 창의적인 작업에도 활용할 수 있습니다. 웹 디자이너, 일러스트레이터, 영상 제작자처럼 창작 활동을 하는 사람이라면, 참고하고 싶은 페이지나 디자인 아이디어가 담긴 사이트를 저장해 두는 데 유용합니다. 이럴 때는 [갤러리] 레이아웃을 활용하면 더욱 좋습니다. 이미지 중심으로 정리할 수 있어, 마음에 드는 페이지를 시각적으로 한눈에 확인하고 영감을 얻기에 효과적입니다.

 **Notion에서 웹 페이지를 읽어 보세요**

Web Clipper로 웹 페이지를 저장하면 해당 사이트의 내용이 Notion의 페이지 안에 그대로 포함되어 바로 읽을 수 있습니다. 내용을 읽으며 마음에 드는 부분에는 마커를 표시하고, 마지막에는 간단한 감상이나 생각을 덧붙이는 등 자유롭게 정리해 보세요.

▲ 저장한 웹 페이지에 메모

✓ Notion에 저장해 두고 언제든 다시 확인할 수 있어요.

✓ 저장한 웹 페이지가 많아져도 쉽게 정리할 수 있어요.

✓ Notion 하나로 저장한 웹 페이지를 관리할 수 있어요.

인터뷰
Notion 캠퍼스 리더 얼룩

생산성 도구 Notion을 활용해 더 큰 성장을 이루고 싶은 이공계 대학생 김이현입니다. 얼룩 고양이 네 마리, 빨강이, 주황이, 노랑이, 초록이와 함께 살고 있어요. Notion 커뮤니티 '슈크림 마을'에서는 '얼룩'이라는 닉네임으로 활동 중입니다. 커뮤니티 활동 초반에는 '초록 슈크림'이라는 닉네임을 사용했는데, 나만의 색깔을 고민하던 중 발음이 귀엽고, 시야를 뜻하는 아웃룩(Outlook)과 발음이 비슷한 '얼룩'이라는 닉네임을 사용하게 되었어요. '우리보다 당신을 보다(ourlook yourlook)'라는 문장과도 라임이 맞아, '얼룩'이라는 이름에 더욱 애착을 가지게 되었습니다.

 **Notion을 사용하기 시작한 계기는 무엇인가요?**

저는 대외활동 중 협업 도구로 Notion을 사용해 보자는 제안을 받고, 그때부터 Notion을 처음 접하게 되었어요. 이후 대학생 스타트업 활동, 교육 봉사 프로그램 운영, 팀 프로젝트 등 다양한 경험 속에서 Notion을 주도적으로 활용해 왔습니다. 하지만 당시에는 이해가 부족해, Notion을 저에게 맞춰 활용하기보다는 오히려 제가 Notion에 맞춰 사용해야 했던 순간이 많았어요.

그러던 어느 날, 우연히 '슈크림 마을'이라는 Notion 커뮤니티에 참여했고 본격적으로 커뮤니티 활동을 시작하게 되었어요. 그리고 얼마 지나지 않아 노슈니 님의 펀딩에도 참여하게 되었는데요, 리워드가 학생 입장에서 적지 않은 금액이었지만 제공하는 템플릿의 구성은 금액 이상의 가치를 충분히 느낄 수 있을 만큼 알차서 인상 깊었어요.

Notion 커뮤니티 활동을 통해 저의 삶은 어느 순간부터 조금씩, 그리고 확실하게 성장할 수 있었습니다.

 **현재 Notion을 주로 어떤 목적으로 사용하고 있나요?**

저는 Notion을 협업 도구로 먼저 접했던 만큼, 주로 팀 협업에 가장 많이 활용해 왔습니다. 동시에 개인적인 정리를 위한 도구로도 다양한 방식으로 사용하고 있었어요. 그러던 중 슈크림 마을에서 Notion을 활용한 게임이나 창의적인 콘텐츠 제작을 접하고 직접 참여하면서, 이전보다 폭넓은 영역에 Notion을 활용하게 되었습니다.

무엇보다도 Notion의 강점이 가장 잘 드러나는 기능은 데이터베이스 구조라고 생각하는데, 데이터를 정리하거나 정보를 체계화할 때 특히 큰 도움이 되므로 적극적으로 활용해 보기를 추천합니다.

 **Notion을 더 잘 활용할 수 있는 팁이 있나요?**

슈크림 마을은 Notion의 공식 인정을 받은 커뮤니티로, Notion 앰배서더를 비롯해 Notion 캠퍼스 리더, Notion 크리에이터 등이 다수 활동하고 있는 국내 최대 규모의 Notion 커뮤니티입니다.

저는 원래 일반적인 문서 작성에 기반해 Notion을 단순한 생산성 도구로만 사용해 왔습니다. 하지만 슈크림 마을에 참여한 이후, Notion을 보다 구조적으로 바라볼 수 있게 되었고, 단순한 활용을 넘어 창작의 영역까지 확장해 활용할 수 있게 되었습니다. Notion을 더 깊이 이해하고 자유롭게 활용하고 싶다면, 슈크림 마을에 참여해 보세요! 저도 슈크림 마을에서 자극과 용기를 얻어 캠퍼스 리더에 지원하고, 직접 템플릿을 제작하며, Notion을 보다 입체적으로 이해하고 적극적으로 활용할 수 있게 되었습니다.

Notion을 입문자에게 어떤 사용 방법을 추천하고 싶나요?

Notion은 기본적인 문서 작성 경험만 있다면 일정 수준까지는 어렵지 않게 사용할 수 있습니다. 그러나 그 이상의 활용법을 배우고자 하는 분들이야말로 이 책의 주요 독자층이라고 생각합니다. 제 경험을 바탕으로, Notion을 처음 접하는 분들에게 두 가지 중요한 팁을 전하고 싶습니다.

첫째, 다른 사람이 만든 템플릿을 자신에게 맞게 가공하는 방법을 익혀보세요. Notion 템플릿을 사용하는 목적은 명확합니다. 구조적으로 잘 만들어진 템플릿은 많은 사람들의 시간을 절약하고 체계를 잡아줍니다. 그러나 예쁘고 완성도 높은 옷이 반드시 나에게도 편안하고 잘 어울리는 것은 아닙니다. 남이 만든 틀에 자신을 억지로 맞추기보다는, 직접 수선하여 자신에게 최적화하는 과정이 필요합니다. 이러한 과정을 통해 Notion은 부담스러운 도구가 아니라, 나의 생산성을 가시화하고 지원해 주는 든든한 파트너가 될 것입니다.

둘째, 템플릿을 분석하고 직접 따라 만들어보는 연습을 해 보세요. Notion을 처음 사용할 때는 기본 기능에 적응하기 바쁘겠지만, 어느 정도 익숙해진 후에는 다양한 템플릿을 분석하고 스스로 재현해보는 과정을 추천합니다. '이런 기능은 어떻게 구현한 거지?' 하는 호기심을 품고 템플릿을 분석해 보면, Notion이라는 세계가 훨씬 넓고 다채롭다는 사실을 깨닫게 될 것입니다. Notion은 구조화에 강점을 가진 도구입니다. 이는 곧, 구조를 이해하지 않으면 실력이 쉽게 늘지 않는다는 의미이자, 반대로 구조만 이해하면 무한히 확장할 수 있다는 뜻이기도 합니다. 이 구조를 제대로 이해하는 가장 효과적인 방법은 직접 템플릿을 만들어보는 것입니다. 이론 공부도 물론 중요하지만, 실전에서 시행착오를 겪은 뒤 이론을 접했을 때 이해의 깊이와 흡수력은 훨씬 커졌습니다.

내가 사용하는 템플릿이 어떤 구조로 구성되어 있는지를 파악하고, 이를 직접 따라 만들어보는 연습을 꾸준히 해 보세요. 그 과정에서 자연스럽게 응용과 활용 능력이 길러지며, 결국 자신만의 형태를 자유롭게 구현해낼 수 있게 됩니다. 조급해할 필요는 없습니다. 꾸준히 반복하다 보면 점차 시야가 넓어지고, Notion을 다루는 능력 또한 자연스럽게 성장할 것입니다.

 직접 만들어 애용하는 Notion 템플릿을 소개해 주세요.

이 템플릿은 다양한 디지털 자료를 분류하고 저장할 수 있도록 구성되어 있어요. 콘텐츠를 주제나 유형별로 나눌 수 있으며 각 자료에 태그를 추가해 빠르게 검색할 수 있는 구조입니다. 템플릿의 목차를 사용하면 주요 영역으로 바로 이동할 수 있어 자주 찾는 콘텐츠를 더욱 효율적으로 관리할 수 있어요. [갤러리] 레이아웃을 활용한 덕분에 한눈에 전체 자료 흐름을 파악하기에도 좋습니다.

템플릿 안에는 사용 가이드 등 템플릿을 효과적으로 활용하는 데 도움이 되는 설명이 포함되어 있습니다. 예시 자료도 풍부하게 제공되어 있어 처음 사용하는 분들도 쉽게 사용할 수 있을 거예요.

▲ 템플릿 활용 가이드

특히 '디지털 자료 보드'와 '임베드 자료 보드' 등 저장하려는 콘텐츠 유형에 맞춰 구분한 덕분에 사용자가 직접 자료를 축적하고 정리하는 흐름을 자연스럽게 익힐 수 있습니다.

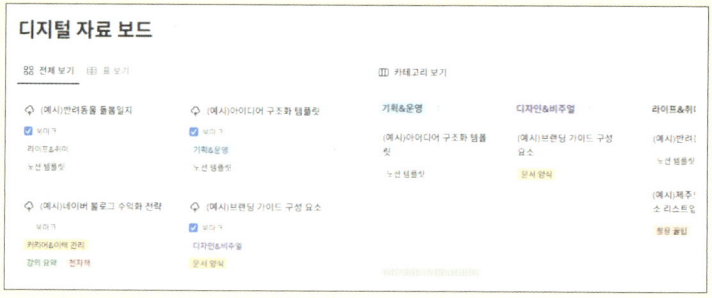

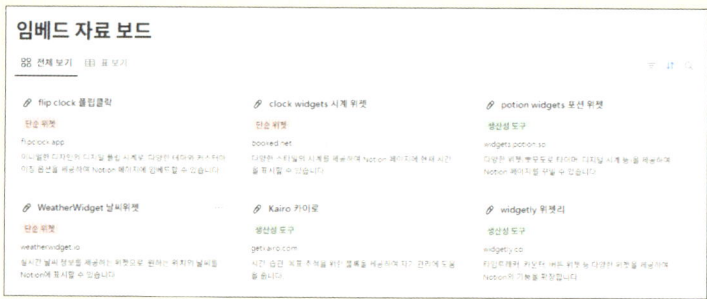

▲ 콘텐츠 유형별 구성

🐻 얼룩의 추천 포인트

❶ **높은 사용자 맞춤성과 자동화 기능**: 사용자의 필요에 맞게 템플릿을 수정하거나 반복 작업을 자동화할 수 있어, 업무를 효율적으로 처리할 수 있어요.

❷ **기록과 정리에 최적화된 인터페이스**: 문서, 데이터베이스, 대시보드 등 다양한 형태의 콘텐츠를 한 곳에 통합 관리할 수 있으며, 원하는 형태로 자유롭게 시각화할 수 있어요.

❸ **학습과 실습을 통한 쉬운 적응**: 기초적인 문서 작성부터 시작해 템플릿 분석과 재구성을 반복하는 과정에서 기능을 익히고 자신만의 스타일로 가공할 수 있어요.

Chapter 5

생활

5.1 대청소 리스트 템플릿
어려운 대청소를 조금 더 쉽게 하는 방법

저는 대청소가 정말 어렵습니다. 정기적으로 해야 하는 일이지만, 막상 시작하려고 하면 어디서부터 손을 대야 할지 또 어떻게 청소해야 할지 매번 헷갈리기 마련입니다. 이렇게 가끔씩만 하는 일일수록 Notion에 메모해 두는 것을 추천합니다. 다음에 다시 청소할 때쯤이면 왜 이런 템플릿이 필요한지 자연스럽게 실감하게 될 거예요.

 Rei
한 번만 만들어 두면, 매번 새로 작성하지 않아도 계속해서 활용할 수 있는 유용한 템플릿이 됩니다.

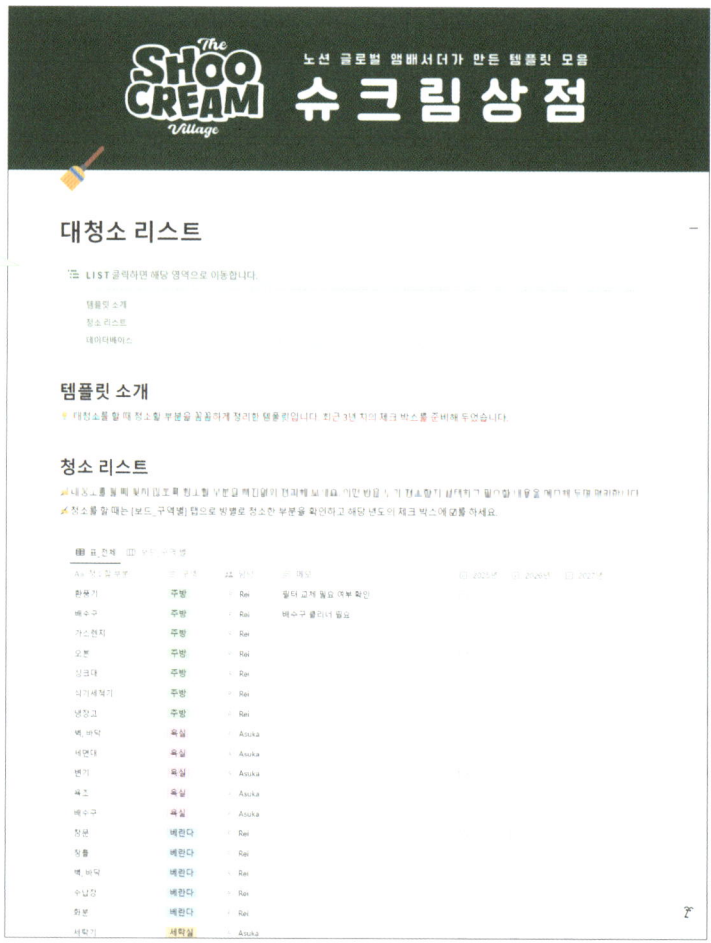

 **청소할 곳을 구역별로 정리해 보세요**

청소를 시작하기 전에 청소해야 할 공간부터 정리해 보세요. '청소 리스트'의 [표_전체] 레이아웃에서 주방, 욕실, 베란다 등 구역별로 청소해야 할 곳을 하나씩 정리해 나갑니다. 이때 '구역'을 함께 추가하면 목록을 보기 쉽게 정리할 수 있어 더 효율적입니다.

모든 목록을 정리했다면 여러 사람이 함께 청소할 경우 '담당'을 활용해 역할을 나눠 보세요. 또한 청소 방법이나 필요한 도구가 있다면 '메모'에 적어 두는 것도 좋습니다. 이렇게 정리해 두면 다음 청소 때에도 잊지 않고 효율적으로 준비할 수 있습니다.

▲ 청소할 부분을 입력할 때는 [표_전체] 레이아웃 활용

 **구역별로 체크하며 진행하세요**

청소할 곳을 정리하면 [보드_구역별] 레이아웃에서 구역별로 정리된 할 일 리스트가 완성됩니다. 대청소 당일에는 이 할 일 리스트를 보면서 각 구역의 청소 항목을 하나씩 체크해 보세요. 어디부터 청소를 시작해야 할지 고민하지 않아도 되어 훨씬 수월하게 청소를 시작할 수 있습니다.

▲ 구역별로 확인할 수 있는 보드_구역별 레이아웃

 **청소가 끝난 곳은 체크박스에 표시합시다**

청소가 끝난 곳은 해당 연도의 체크박스에 표시해 주세요. 완료된 곳과 남은 곳을 한눈에 확인할 수 있어 전체 진행 상황을 쉽게 파악할 수 있습니다. 체크 표시가 늘어날수록 작지만 확실한 성취감도 느낄 수 있어 귀찮게 느껴지던 대청소도 조금 더 즐겁게 할 수 있을 거예요.

▲ 완료된 곳에 체크 표시

배우자나 가족과 함께 청소를 진행해 보세요. 이 템플릿은 함께 사용할 수 있도록 구성되어 있어 여러 사람이 역할을 나눠 효율적으로 청소할 때 매우 유용합니다. Notion에서는 페이지를 공유할 수 있기 때문에 각자 자신의 스마트폰이나 태블릿으로 할 일 목록을 확인하며 협력해 청소를 진행할 수 있습니다. 혼자서 하기엔 막막했던 대청소도 함께하면 훨씬 수월하고 빠르게 끝낼 수 있습니다.

 다음에도 활용할 수 있어요

이 템플릿의 체크박스는 최근 3년간 사용할 수 있도록 미리 준비해 두었습니다. 한 번 현재 거주하는 집의 청소 리스트를 만들어 두면 다음 해 이후에도 그대로 활용할 수 있어 매년 새로 만들 필요가 없습니다. 필요에 따라 체크박스를 추가해 계속 확장해 나갈 수도 있습니다. 이렇게 정리해 두면 매년 대청소를 앞두고 무엇을 청소해야 할지 고민하

거나, 작년에 어떤 부분을 청소했는지 기억을 더듬을 필요 없이 훨씬 수월하게 청소를 진행할 수 있습니다.

대청소 템플릿은 단순히 청소 관리를 위한 용도에 그치지 않고 반복적인 작업이나 협업이 필요한 다양한 일정 관리에도 활용할 수 있습니다. 예를 들어, 정기적인 유지·보수 작업, 에어컨 필터 교체, 자동차 점검 등 주기적으로 해야 하는 작업을 리스트업하고 완료 여부를 체크하면, 무엇을 언제 했는지 기록으로 남겨 효율적으로 관리할 수 있습니다.

이 템플릿의 장점은 반복적인 일정 관리가 필요한 다양한 작업에 두루 활용할 수 있다는 점입니다. 체크박스를 활용하면 현재 남은 작업과 완료된 작업을 쉽게 확인할 수 있어 진행 상황을 시각적으로 관리할 수 있습니다. 또 한 번 설정해 두면 매년이나 매 분기마다 반복해서 사용할 수 있어 관리가 효율적이죠. 가족이나 팀원과 공유해 역할을 나누고 함께 사용할 수도 있어 협업에도 유용합니다. 결국 이 대청소 템플릿은 단순한 청소뿐 아니라, 반복적인 일정이나 작업을 체계적으로 관리하고 싶은 모든 상황에 잘 어울리는 실용적인 도구입니다.

✓ 방별로 청소할 곳을 한눈에 확인할 수 있어요.
✓ 가족과 공유하여 함께 활용할 수 있어요.
✓ 다음 해에도 반복해서 활용할 수 있어요.

5.2 장기 휴가 템플릿
더 알찬 장기 휴가를 계획하고 싶다면!

방학 같은 장기 휴가는 학생뿐만 아니라 직장인에게도 매우 소중한 시간입니다. 하고 싶은 일들이 많았지만 결국 아무것도 하지 못한 채 시간을 보내고 휴가가 끝날 무렵 아쉬움을 느낀 경험은 누구에게나 한 번쯤 있을 것입니다. 이번에는 이런 후회를 줄이고 장기 휴가를 보다 알차고 의미 있게 보낼 수 있도록 도와주는 Notion 템플릿 활용법을 소개합니다.

Rei
방학처럼 긴 휴가가 예정되어 있다면 이 템플릿을 꼭 한 번 활용해 보세요. 하고 싶었던 일이나 미뤄두었던 계획을 정리하고, 장기 휴가를 더욱 의미 있게 보낼 수 있을 거예요.

163

장기 휴가 목표를 세워보세요

장기 휴가를 보다 의미 있게 보내기 위해 먼저 어떤 시간을 보내고 싶은지 목표를 정할 수 있는 공간을 마련했습니다. 이번 휴가 동안 꼭 실천하고 싶은 일이나 해 보고 싶었던 활동을 간단히 세 가지 정도로 정리해 보세요. 미리 방향을 잡아두면 휴가를 더 알차게 계획하고 실천하는 데 도움이 됩니다.

> **장기 휴가 목표**
> ✎ 장기 휴가를 어떻게 보낼 것인지, 목표를 작성해 보세요.
>
> ▎ TOEIC 공부 시작하기
>
> ▎ 하고 싶은 일을 마음껏 하기
>
> ▎ 본가 방문하기

▲ 목표 정리

휴가가 길어지면 평소에 유지하던 생활 리듬이 쉽게 흐트러질 수 있습니다. 미리 하루 루틴을 정해두면 보다 안정된 일상을 유지할 수 있고 하루를 더 의미 있게 보낼 수 있습니다. 이를 위해 '하루 일과'에 자신의 루틴을 직접 작성해 보세요. 또한 공부나 운동처럼 장기 휴가 동안 습관화하고 싶은 활동이 있다면 이 루틴 안에 함께 포함하는 것이 좋습니다. 예를 들어 'TOEIC 공부 시작하기'를 목표로 세웠다면 매일 아침 영어 공부 시간을 일정에 넣어 꾸준히 실천할 수 있도록 계획해 보세요.

하루 일과

✏️ 매일을 어떻게 보낼 것인지 루틴을 정해 봅시다.

시간	할 일
07:00	기상
07:30	아침 식사
08:00	영어 공부
09:00	자유 시간
19:00	저녁 식사 준비
20:00	저녁 식사
21:00	목욕
22:00	자유 시간
23:30	스트레칭
24:00	취침

▲ 보내고 싶은 시간/할 일 내용

 **목표 리스트를 작성해 보세요**

마지막으로 장기 휴가 동안 하고 싶은 일들을 '장기 휴가 목표 리스트'에 자유롭게 작성해 보세요. [보드_유형별] 레이아웃을 활용하면 항목을 속성별로 정리할 수 있어 관심사나 활동 유형에 따라 분류하며 정리하기 좋습니다. 예를 들어 '책 3권 읽기', '일본 여행', '본가 들르기'처럼 장기 휴가에 어울리는 활동부터 '빙수 먹기' 같은 소소한 일상 목표까지 자유롭게 적어 보세요. 작성한 항목에는 이모지를 활용해 우선순위를 표시해두는 것도 좋습니다. 어떤 일을 꼭 실천하고 싶은지 스스로 더 명확히 인식할 수 있어 계획을 실천하는 데 도움이 됩니다.

▲ 속성별로 작성

Notion으로 계획을 정리하면 자칫 딱딱하고 업무적인 느낌이 들 수 있지만, 이모지를 활용하면 개인적인 기록도 훨씬 즐겁고 생동감 있게 꾸밀 수 있습니다. 이 페이지에서는 여름 휴가라는 테마에 맞춰 수박 이모지를 활용해 보았습니다. 이처럼 자신만의 개성을 담아 이모지를 적절히 활용하면, 정리하는 과정 자체도 더욱 즐겁고 의미 있는 시간이 될 수 있습니다.

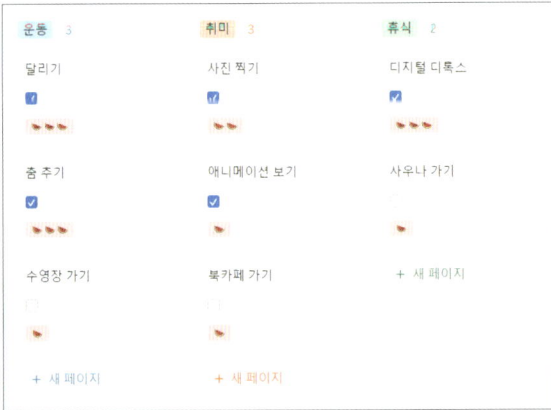

▲ 이모지 활용

 목표 리스트는 다이어리처럼 활용하세요

[캘린더_전체] 레이아웃을 활용하면 목표 리스트를 다이어리처럼 사용할 수도 있습니다. 하고 싶은 일을 미리 일정에 추가해 계획을 세우거나 실제로 실천한 날짜를 기록해두는 등 다양한 방식으로 활용할 수 있습니다. 계획과 기록을 함께 관리하면 휴가 기간 동안의 활동을 더욱 의미 있게 남길 수 있습니다.

▲ 목표 리스트를 다이어리로 활용

목표 리스트에 작성한 항목을 실천했다면 체크박스에 표시해 보세요. 장기 휴가가 끝날 무렵, 얼마나 많은 목표를 이뤘는지 돌아보는 것만으로도 큰 만족감을 얻을 수 있습니다.

✓ 장기 휴가를 의미 있게 보낼 수 있어요.
✓ 목표 리스트로 하고 싶은 일을 달성할 수 있어요.
✓ 이모지를 활용해 즐거운 템플릿을 만들어 보세요.

5.3 식단·레시피 관리 템플릿
레시피를 정리해 자취 요리를 간편하게

바쁜 일상 속에서 매일 요리를 하는 일은 쉽지 않습니다. 특히 혼자 살다 보면 요리를 직접 준비하는 것이 번거롭게 느껴질 때도 많습니다. 매일 무엇을 만들지 고민하고, 레시피를 검색하고, 장을 보는 일까지 모두 혼자 해결해야 하니 부담이 클 수밖에 없죠. 이 템플릿은 그런 고민을 덜기 위해 만들어졌습니다.

직접 만들어 본 레시피를 정리하거나 미리 식단을 계획해 둘 수 있어 매일 메뉴를 고민하는 시간을 줄여줍니다. 레시피 사이트를 매번 찾아보는 번거로움 없이 자신만의 요리 노트를 만들고 간편하게 활용해 보세요.

 Rei

이렇게 요리 레시피를 정리하다 보면 점점 더 다양한 요리에 도전해 보고 싶은 마음도 생길 거예요.

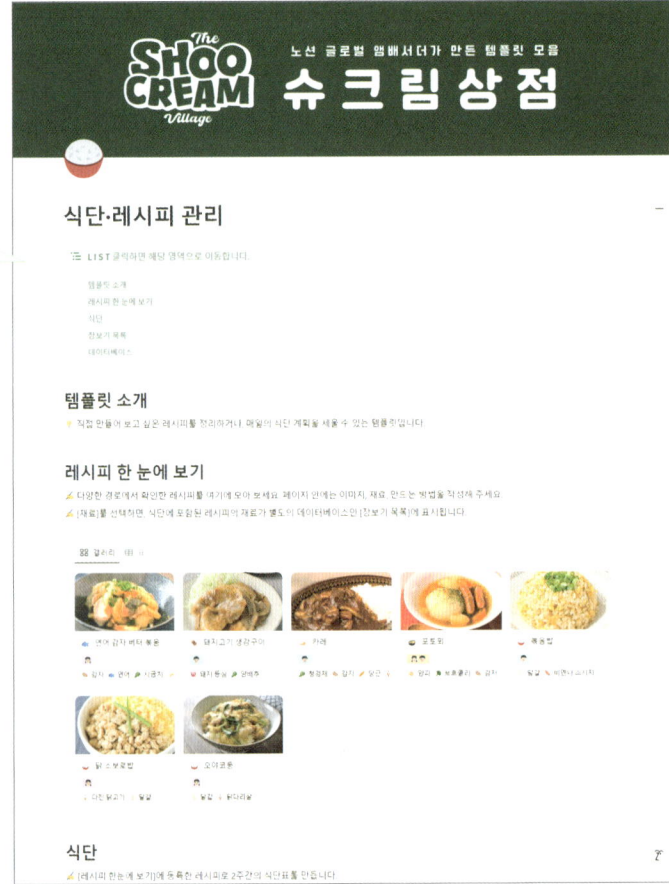

168

 ## 레시피를 한곳에 모아 보세요

먼저 쿠킹 블로그나 유튜브, 인스타그램 같은 SNS에서 찾은 유용한 요리 레시피를 템플릿에 정리해 보세요. 나중에 요리할 때마다 다시 검색하지 않아도 되어 훨씬 간편하게 활용할 수 있습니다.

▲ 새 레시피 추가

'레시피 한 눈에 보기'에서 [+새 페이지]를 생성한 후, 제목에는 요리 이름을 입력합니다. 공유하고 싶은 레시피라면 다른 사람도 확인할 수 있도록 페이지를 공유해 보세요. 또한 가족이나 동료와 함께 식단을 계획하는 경우, 해당 요리를 누가 맡을지 '요리 담당자'를 지정해 두면 역할을 분담하는 데 도움이 됩니다. 사용할 조리 도구나 요리 카테고리도 함께 설정해 두면 나중에 분류하거나 검색할 때 유용합니다. 참고한 레시피 사이트가 있다면 URL을 함께 추가해 두는 것도 좋습니다.

▲ 자세하게 등록

'재료'는 '장보기 목록'과 연동되어 있으므로 집에 항상 있는 기본 조미료 등은 제외하고 필요한 재료만 선택하는 것이 좋습니다. 목록에 없는 재료가 있다면 새로운 페이지를 만들어 추가할 수 있습니다. 마지막으로, 요리 사진과 재료 분량, 조리 방법을 페이지 안에 정리하면 나만의 요리 레시피가 완성됩니다.

레시피가 많아질수록 원하는 정보를 빠르게 찾기 위해 [필터] 기능을 활용하는 것이 좋습니다. 각 속성에 필터를 적용하면 조건에 맞는 레시피만 골라볼 수 있어 더욱 효율적으로 관리할 수 있습니다. 예를 들어 '담당' 속성을 활용해 본인이 맡은 레시피만 확인하거나, 특정 '조리도구'를 사용하는 레시피만 따로 분류해 볼 수 있습니다. 필요할 때 원하는 조건으로 레시피를 바로 찾아볼 수 있으니, 필터 기능을 적극적으로 활용해 보세요.

▲ 원하는 조건을 필터링

 **일주일치 식단을 구성해 보세요**

이제 식단을 구성해 봅시다. 식단을 미리 정해두면 매일 무엇을 만들어야 할지 고민하는 시간을 줄일 수 있고, 필요한 재료를 한 번에 장볼 수 있어 일상도 더욱 효율적으로 관리할 수 있습니다.

이 템플릿은 매월 '1·3주차'와 '2·4주차' 두 가지 식단 패턴을 만들 수 있도록 구성되어 있습니다. 각 레이아웃을 전환하면 2주치 식단을 쉽게 확인할 수 있으며 매주 다른 식단을 구성하고 싶다면 체크박스를 네 개로 늘려 활용하는 것도 가능합니다.

식단을 등록하는 방법도 간단합니다. 앞에서 등록한 레시피 중 식단에 포함할 메뉴를 선택한 뒤 해당 레시피 페이지에서 '1·3주차' 또는 '2·4주차' 속성에 체크하면 됩니다. 만약 요일을 변경하고 싶을 때는 항목을 원하는 위치로 드래그하여 다른 요일로 옮기면 쉽게 조정할 수 있습니다.

▲ 주차 속성에 체크

▲ 주차별 식단

 **요리를 할 때는 스마트폰을 활용합시다**

요리를 할 때는 Notion을 스마트폰이나 태블릿으로 열어 주방에 두기만 하면 됩니다. 그날의 식단을 확인한 뒤 해당 메뉴를 선택하면 바로 레시피 페이지로 이동하여 요리를 시작할 수 있습니다. 페이지 안에 재

료의 분량과 조리 방법이 정리되어 있다면 별도로 레시피를 찾아볼 필요 없이 한눈에 내용을 확인하며 더 수월하게 요리할 수 있습니다.

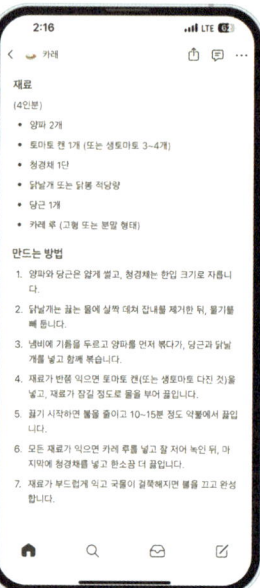

▲ 스마트폰 활용하기

마트에서는 장보기 리스트로 활용할 수 있어요

마트에서 장을 볼 때마다 어떤 재료를 얼마나 사야 할지 고민하는 일이 많습니다. 하지만 '장보기 목록'을 활용하면 이런 고민을 줄일 수 있습니다. 이 목록은 식단에 추가한 레시피의 재료와 자동으로 연동되어 한 주간 필요한 식재료가 일괄적으로 정리됩니다.

따라서 각 레시피를 일일이 열어보지 않아도 '장보기 목록'만 확인하면 필요한 재료를 한눈에 파악할 수 있어 쇼핑이 훨씬 수월해 집니다. 이 리스트는 주 1회 장보기를 기준으로 구성되어 있어 계획적인 식단 관리에 효과적이며, 온라인 마트를 함께 활용하면 더욱 편리합니다. 직접

마트에 가는 시간을 줄일 수 있을 뿐만 아니라 무거운 물건을 들고 오는 수고도 덜 수 있어 바쁜 일상 속에서 매우 실용적인 방법입니다.

▲ 식단에 따라 필터링된 재료 리스트

배우자나 가족과 함께 사용해 보세요. 함께 생활하는 사람이 있다면 이 페이지를 공유해 함께 활용해 보는 것도 좋습니다. 저는 배우자와 함께 레시피를 정리하고 식단을 계획하며 이 템플릿을 사용하고 있습니다. 한 사람이 장을 보고, 다른 한 사람이 요리를 하거나, 둘이 함께 요리할 때도 이 리스트가 유용하게 쓰입니다. 함께 써보면 더욱 편리하다는 걸 느낄 수 있을 거예요.

✓ 레시피를 한곳에 정리할 수 있어요.
✓ 식단 계획으로 매일의 요리가 더 편리해져요.
✓ 장보기도 더욱 효율적으로 관리할 수 있어요.

5.4 옷장 정리 템플릿
디지털 드레스룸 만들기

계절이 바뀌거나 대청소를 할 때뿐만 아니라 가끔 Notion에서 이 템플릿을 다시 열어보면 자신이 생각보다 많은 옷을 가지고 있다는 사실에 놀라게 될 것입니다. Notion을 활용해 옷을 정리하면 과도하게 소지하고 있는 옷을 확인할 수 있을 뿐 아니라 카테고리별로 개수를 정해 체계적으로 관리할 수도 있습니다. 특히 소지품을 줄이고 싶은 분들에게 효과적인 정리 방법으로 추천할 만합니다.

 Rei

옷을 이미지로 정리해 두면 자연스럽게 불필요한 옷을 줄이게 됩니다. 그렇게 하나씩 정리해 나가다 보면 옷장도 훨씬 더 미니멀하게 유지할 수 있어요.

 **보유한 옷을 등록해 보세요**

이제 가지고 있는 옷을 모두 등록하며 Notion 안에 디지털 드레스룸을 만들어 봅시다. '가지고 있는 옷 리스트'에서 페이지를 생성하고 한 벌씩 정리해 보세요.

▲ 새 페이지 생성

구분(상의, 하의 등), 색상, 브랜드, 계절 등의 속성을 추가해 보세요. 페이지 안에 해당 옷의 이미지를 넣으면 [갤러리] 레이아웃에서 이미지 중심으로 정리할 수 있어 훨씬 보기 좋습니다. 또한 '구매' 체크박스를 추가해 실제로 가지고 있는 옷인지 확인할 수 있도록 하면 더 편리합니다. 이렇게 정리해 두면 자신이 가진 옷을 한눈에 파악하고 보다 체계적으로 관리할 수 있습니다.

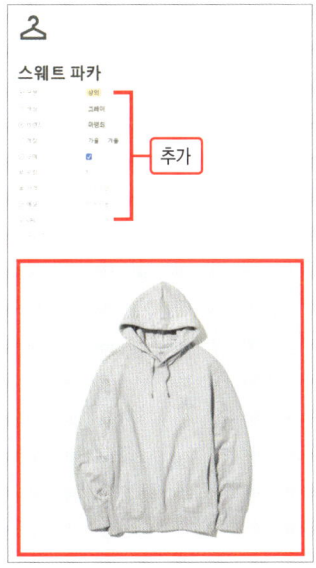

▲ 보유한 옷 추가

이 작업이 처음에는 단순한 메모처럼 느껴질 수 있지만 하나하나 정리하다 보면 자신이 선호하는 스타일이나 색상, 자주 입는 계절 아이템 등의 패턴이 자연스럽게 드러납니다. 이런 과정을 통해 앞으로의 쇼핑 방향을 다시 생각해 보거나, 꼭 필요한 옷만 갖추는 데에도 도움이 됩니다. 옷장을 정리하는 단순한 기록이 결국 나만의 취향과 생활 방식까지 정리하는 계기가 될 수 있습니다. 이 템플릿의 속성 외에도 추가하고 싶은 속성이 있다면 자유롭게 추가해 보세요.

 **사고 싶은 옷도 바로 메모해 보세요**

쇼핑을 하다 보면 사고는 싶지만 조금 더 고민해 보고 싶은 옷을 만날 때가 있습니다. 그럴 때를 대비해 '위시 리스트'도 추가해 두었습니다. 쇼핑 중 '위시 리스트'에서 새 페이지를 생성하고, 소지한 옷 리스트와 같은 방식으로 정보를 입력하면 됩니다.

이 리스트는 스마트폰으로도 쉽게 확인할 수 있어 외출 중에도 현재 가지고 있는 옷과 비교하거나 코디를 미리 떠올려 볼 수 있습니다. 비슷한 옷이 이미 있는지 확인하거나, 정말 필요한 옷인지 판단하는 데에도 유용합니다. 이렇게 정리해 두면 충동 구매를 줄이고, 꼭 필요한 옷만 신중하게 선택할 수 있습니다.

▲ 사고 싶은 옷도 등록

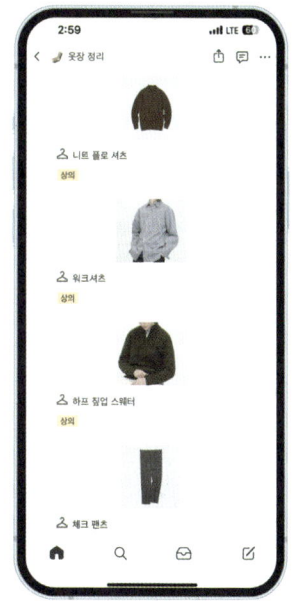

▲ 스마트폰에서 확인

 구매한 옷을 관리해 보세요

'위시 리스트'에 등록해 둔 옷을 실제로 구매했다면, '구매' 체크박스에 표시해 주세요. '위시 리스트'는 '가지고 있는 옷 리스트'와 같은 데이터베이스를 기반으로 구성되어 있으며 '구매'에 체크 표시를 하면 자동으로 '가지고 있는 옷 리스트'로 옮겨집니다.

▲ 위시 리스트의 '구매'에 체크

▲ 가지고 있는 옷 리스트로 이동

옷장을 다시 살펴 보세요

대청소를 하거나 계절이 바뀔 때, 자신의 옷장을 천천히 살펴보는 시간을 가져 보는 것도 좋습니다. '가지고 있는 옷 리스트'에서 원하는 **[레이아웃]**을 선택하면 '상의', '하의' 등의 옷을 한눈에 정리해서 볼 수 있어 전체적인 소지 현황을 쉽게 파악할 수 있습니다. 이를 통해 상의가 유독 많다는 사실을 발견하거나 새 청바지를 살까 고민하던 중 예전에 이미 구매한 옷이 있다는 것을 떠올릴 수도 있습니다. 또한 **[표]** 레이아웃에서는 계절, 색상, 브랜드별로 필터링하여 다양한 방식으로 가지고 있는 옷을 정리할 수 있습니다. **[표]** 레이아웃은 계절별로 옷을 정리하거나 필요한 아이템을 확인하는 데에도 유용합니다.

▲ 구분별 [레이아웃]

▲ 가지고 있는 옷을 필터링하여 쉽게 찾기

✓ 외출 중에도 내가 가진 옷을 확인할 수 있어요.

✓ 위시 리스트로도 활용할 수 있어요.

✓ 미니멀한 정리를 시작하는 계기가 될 수 있어요.

5.5 집안일 분담 템플릿
집안일을 즐겁게 정리하는 방법

가족이나 연인과 함께 집안일을 나누는 일은 처음에는 조금 어렵거나 번거롭게 느껴질 수 있습니다. 하지만 귀엽고 깔끔하게 정리된 분담표가 있다면 좀 더 가볍고 즐거운 마음으로 역할을 정리해 볼 수 있을지도 모릅니다. 이 템플릿은 제가 실제로 사용했던 내용을 그대로 템플릿으로 구성한 것이니 참고하여 자유롭게 활용해 보세요. 가족이나 연인에게 이 템플릿을 보여주면 분위기가 한층 밝아지고, 웃으며 역할을 나누는 계기가 될 수도 있습니다.

Rei
종이나 화이트보드 대신 디지털 방식으로 관리하면 집안일을 조금 더 재미있게 정리할 수 있습니다.

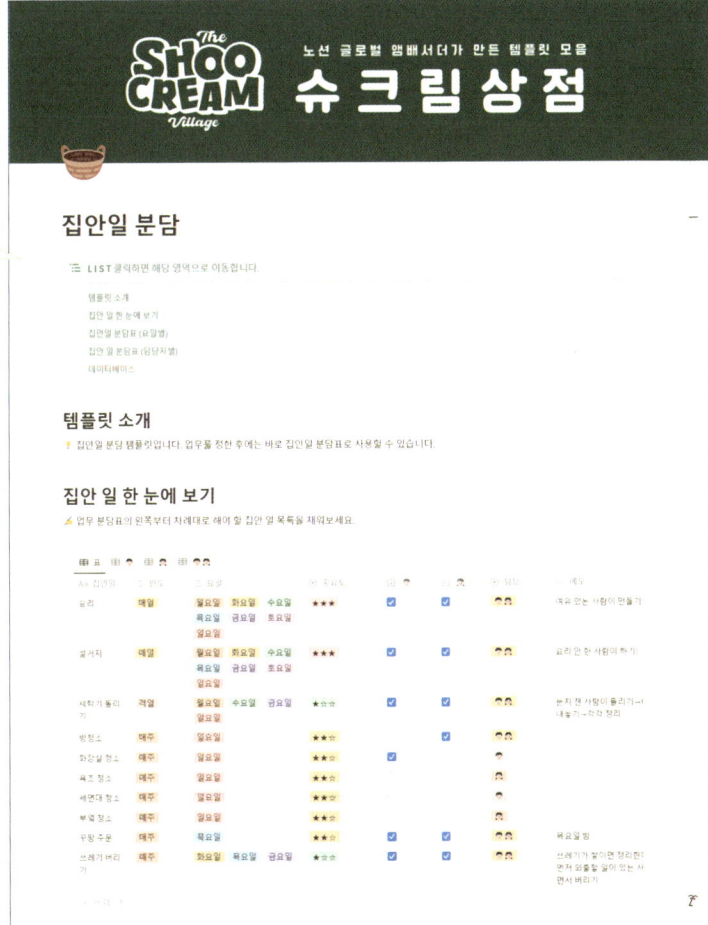

 집안일을 정리해 보세요

노슈니

할 일을 세분화하면, 요일과 빈도 속성을 기준으로 자동 필터링된 분담표가 완성돼요. 보기 편한 구조가 꾸준함의 핵심이 됩니다.

먼저 '집안일 한 눈에 보기'에 분담할 집안일을 하나씩 정리해 보세요. '요리', '설거지'처럼 항목을 최대한 세분화하여 모든 집안일을 빠짐없이 작성하는 것이 중요합니다. 집안일을 모두 정리한 뒤에는 '빈도', '요일', '중요도' 등을 함께 설정해 주세요. 특히 중요도는 서로 느끼는 기준이 다를 수 있으므로 대화를 통해 조율하며 정하는 것이 좋습니다.

▲ 집안일 정리

정리할 집안일과 속성은 기본적인 항목들로 채워 두었습니다. 추가하고 싶은 집안일이나 속성이 있다면 자유롭게 추가해 보세요.

 서로의 잘하는 일과 어려운 일을 정리해 보세요

집안일 목록을 작성하고 빈도와 중요도를 정했다면 이제 본격적으로 분담을 정할 차례입니다. 하지만 그전에 한 가지 더 해 보면 좋은 과정이 있습니다. 바로 서로의 '잘하는 일'과 '어려운 일'을 먼저 정리해 보는 것입니다. 실제로 함께 생활하다 보면 각자가 잘하는 집안일과 어

181

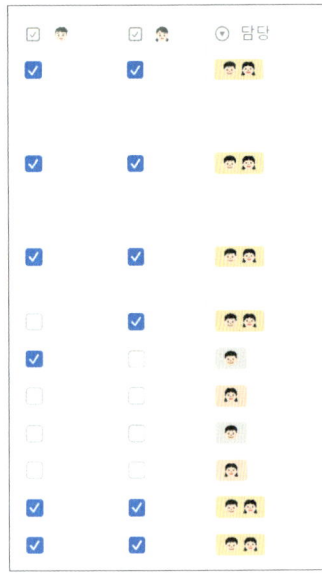

▲ 대화로 조율하며 분담

려워하는 집안일이 자연스럽게 드러나기 마련입니다.

그래서 집안일을 분담하기 전에 각자 자신이 잘할 수 있는 집안일에 먼저 체크해 보세요. 이 과정을 거치면 이후 분담을 정하는 단계도 훨씬 더 수월해 집니다.

서로의 잘하는 일과 어려운 일을 비교해 본 뒤 누가 어떤 집안일을 맡을지 정해 보세요. 맞벌이 가정이라면 집안일의 부담이 어느 한쪽에 치우치지 않도록 조율하는 것이 특히 중요합니다. 대화를 통해 각자의 상황과 여건을 고려하며 공평하게 역할을 나누는 것이 좋습니다.

이때 모든 집안일을 지나치게 엄격하게 나누기보다는 상황에 따라 유연하게 조정할 수 있도록 정하는 것이 부담을 줄이는 데 도움이 됩니다. 예를 들어 요리는 할 수 있는 사람이 하고 설거지는 요리를 하지 않은 사람이 맡는 식으로 자연스럽게 흘러가는 방식이 오히려 생활에 잘 녹아들 수 있습니다. 실제 생활에서도 이러한 방식은 무리가 없고 부담 없이 역할을 나눌 수 있어 더 효과적입니다.

 분담표는 잘 보이는 곳에 배치하세요

분담을 정하면 자동으로 '요일별' 분담표와 '담당자별' 분담표가 생성됩니다. 이제 이 표를 참고하면서 서로 협력해 집안일을 해나가면 됩니다. 디자인도 보기 깔끔하고 귀여운 스타일이라, 집안일을 조금 더 수월하고 즐겁게 진행할 수 있을 것입니다. 분담표는 서로가 쉽게 볼 수 있는 곳에 배치해 두는 것이 좋습니다. 저는 아내와 공유하는 Notion에 분담표를 함께 등록해두고 있는데, 이렇게 하면 언제든지 확인할 수 있고, 집안일 중 놓친 부분이 있을 때 서로 자연스럽게 피드백을 주

고받는 계기가 되기도 합니다. 또한 분담을 바꾸고 싶을 때도 아주 간편합니다. '담당자별' [보드] 레이아웃에서 해당 집안일을 다른 사람 쪽으로 옮기기만 하면 간단하게 조정할 수 있습니다.

▲ 요일별 집안일 분담표

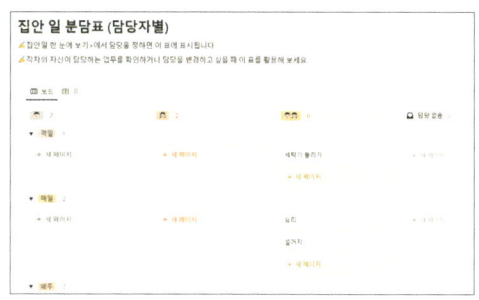
▲ 담당자별 집안일 분담표

이 템플릿은 집안일 분담을 목적으로 만들었지만 간단한 항목만 수정하면 회사 업무에서도 다양하게 활용할 수 있습니다. 특히 프로젝트별 업무 분장표나 정기 반복 업무 관리표로 변형하여 사용하면 협업 효율을 높이는 데 매우 유용합니다.

예를 들어, '집안일' 항목을 '주요 업무'나 '프로젝트 역할'로 변경하면, 나머지 항목은 그대로 유지한 상태에서 바로 업무 역할 분장표로 활용할 수 있습니다.

Notion 템플릿 구조는 단순하지만, 그만큼 유연하게 수정할 수 있다는 것이 장점입니다. Notion을 협업 도구로 업무에 적용해 팀원들과 실시간으로 공유하면 누가 어떤 업무를 맡고 있는지, 어떤 작업이 진행 중인지 한눈에 확인할 수 있어 업무 누락을 방지하고 의사소통도 수월해 집니다.

✓ 즐겁게 집안일을 분담할 수 있어요.
✓ 만든 분담표를 가족과 공유할 수 있어요.
✓ 분담을 다시 조정하거나 변경하는 것도 간편해요.

5.6 이사 준비 템플릿
한 번 정리해 두면 걱정 끝!

저는 매번 이사 당일까지 정신없이 바쁘고 준비가 덜 된 채로 허둥지둥하게 되는 경우가 많았습니다. 여러 번 이사를 경험했지만, 막상 이사할 때마다 해야 할 일들을 잊어버려 마지막에 고생하는 일이 반복되곤 했죠. 그러던 중 아내와 함께 이사를 준비하면서 다시는 같은 실수를 반복하고 싶지 않다고 생각하며 이 이사 준비 템플릿을 만들었습니다. 이 템플릿은 일반적인 이사 절차와 준비 과정에서 필요한 작업들을 정리하는 방법을 소개합니다. 다음 번 이사를 준비할 때는 이 템플릿을 활용해 보세요. 훨씬 수월하고 체계적으로 이사를 마무리할 수 있을 것입니다.

 Rei

한 번만 이사에 필요한 절차를 정리해 두면 몇 년 뒤 이 템플릿을 다시 보게 될 당신은 분명히 스스로에게 고마워할 거예요.

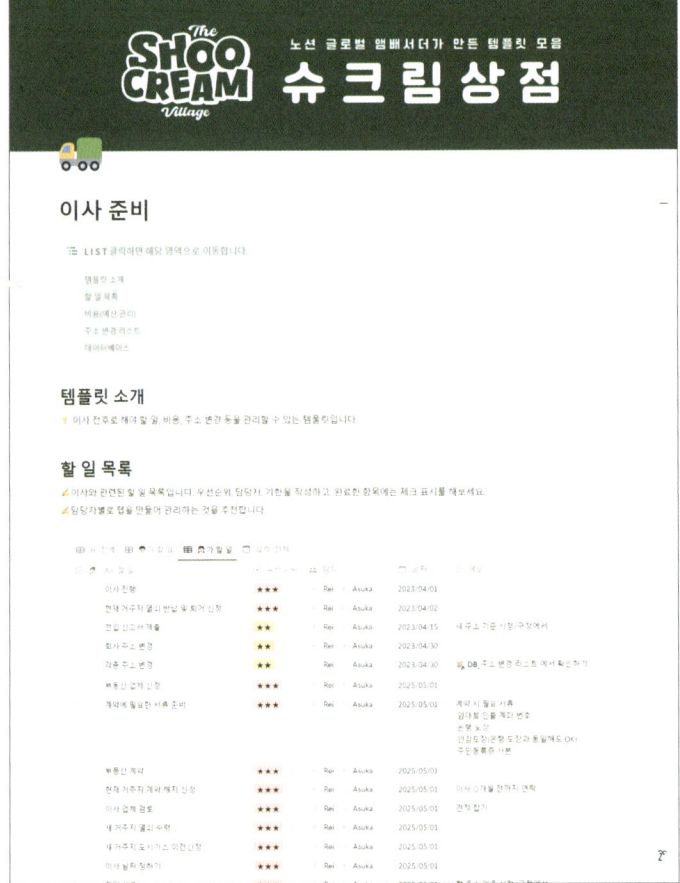

 **이사가 결정되면 해야 할 일을 정리해 보세요**

이사는 해야 할 일이 정말 많습니다. 이사가 확정되는 순간부터 해야 할 일들이 한꺼번에 떠올라 정신없이 바빠지기 마련이죠. 이런 혼란을 줄이기 위해서는 이사가 결정되자마자 가장 먼저 해야 할 일을 목록으로 정리해 두는 것이 좋습니다. 준비할 일들을 미리 정리해 두면 이후의 과정도 훨씬 더 체계적이고 수월하게 진행할 수 있습니다.

▲ 이사와 관련된 할 일 목록 작성

 **할 일 목록에 필요한 작업을 추가하세요**

'할 일 목록'에 해야 할 작업을 하나씩 추가합니다. 각 작업이 '현 거주지', '새 거주지', '부동산', '이사업체' 등 어느 범주에 속하는지 카테고리를 선택하세요. 우선순위를 설정하고 두 명 이상이 함께 이사하는 경우에는 각 작업의 담당자를 지정합니다. 기한까지 입력한 뒤 목록을 참고하여 작업을 진행하면 됩니다. 완료된 작업은 체크박스를 이용해

표시할 수 있어 진행 상황을 쉽게 관리할 수 있습니다.

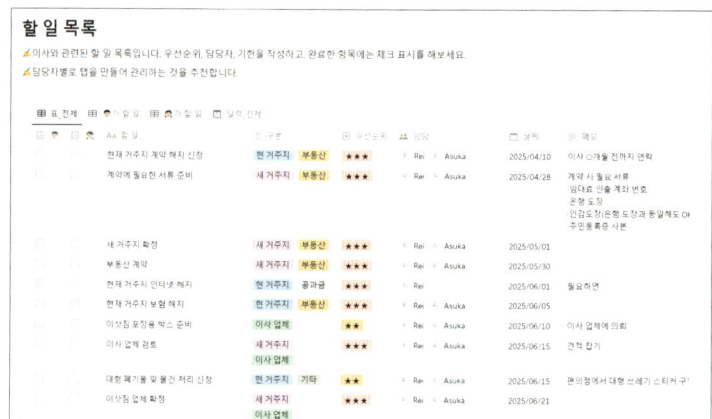

▲ 할 일 목록을 참고하여 진행

또한 [달력_전체] 레이아웃에서는 일정 관리 앱처럼 이사 준비 일정을 한눈에 확인할 수 있습니다.

▲ 이사 준비 및 일정 확인

 함께하는 이사에도 활용할 수 있어요

이 템플릿은 혼자 이사할 때는 물론, 연인과 함께 집을 꾸리기 시작할 때나 가족과 이사할 때도 유용하게 활용할 수 있습니다. 이모지로 구분한 [○가 할 일] 레이아웃을 선택하면 각자 맡은 작업만 확인할 수 있어 역할 분담이 훨씬 수월해 집니다. 이사할 가족들과 템플릿을 공유해 함께 관리해 보세요. 참고로 이 템플릿은 제가 실제로 아내와 함께 새로운 집으로 이사할 때 만든 템플릿입니다. 당시 사용했던 할 일 목록이 그대로 남아 있으므로 필요한 작업을 추가해 그대로 활용할 수 있습니다.

▲ 가족과 함께 활용

 이사 비용도 자동으로 계산됩니다

이사는 단순히 집값만 드는 것이 아니리 이사 비용, 가구·가전 구입비, 불필요한 물건을 처분하는 비용 등 예상보다 다양한 지출이 발생하게 됩니다. 특히 아내나 친구와 함께 이사할 경우 누가 대표로 결제했는지 각자 부담해야 할 금액이 얼마인지 등을 정리해 두는 것이 중요합니다.

Notion을 활용하면 단순히 비용을 메모하는 것뿐만 아니라, 총액과 1

인당 부담 금액을 자동으로 계산할 수 있어 정산이 훨씬 간편합니다. 이사와 관련된 비용이 발생할 때는 '비용(예산 관리)'에 항목을 추가해 보세요. '합계금액'에 금액을 입력하면 1인당 부담 금액이 자동으로 계산되며 대표로 결제한 사람을 선택해 정리하면 나중에 정산할 때도 편리합니다. 또한 각 항목 페이지 안에 이미지나 자료를 첨부할 수 있어 견적서나 영수증 등을 함께 보관해 두는 용도로도 유용하게 사용할 수 있습니다.

▲ 간편하게 비용 관리하기

이사 전후로 잊기 쉬운 주소 변경도 미리 준비하세요

이사를 마친 뒤 한숨 돌리고 나면 주소 변경을 깜빡하는 경우가 많습니다. 주민등록증, 운전면허증처럼 주요 항목은 쉽게 떠오르지만 인터넷 쇼핑몰, 구독 서비스 등 세부적인 항목들은 놓치기 쉽고 이미 변경한 것과 아직 변경하지 않은 항목이 헷갈릴 수도 있습니다.

이럴 때는 주소 변경이 필요한 항목들을 미리 리스트로 정리해 두는 것이 매우 유용합니다. 정리해 둔 리스트를 하나씩 확인하며 변경해 나가면 놓치는 항목 없이 처리할 수 있고 한 번 만들어 놓은 리스트는 다음 이사 때도 그대로 재사용할 수 있어 더욱 편리합니다.

▲ 주소 변경이 필요한 항목 정리

'주소 변경 리스트'에 필요한 항목을 하나씩 추가해 보세요. 공공기관, 금융기관, 온라인 서비스 등으로 [속성]을 설정하면 카테고리별로 항목을 분류할 수 있어 확인이 훨씬 쉬워집니다. 가족이나 함께 이사하는 사람이 있다면, '담당' 속성을 활용해 각자 처리할 항목을 나눌 수도 있습니다.

변경이 완료된 항목은 체크박스를 사용해 표시하면 진행 상황을 한눈에 파악할 수 있으며 내가 처리해야 할 항목만 따로 확인할 수 있습니다. 이렇게 체크박스를 기준으로 완료 여부를 정리해 두면 변경 여부를 헷갈릴 필요 없이 남은 항목과 완료된 항목을 명확하게 구분할 수 있어 관리가 훨씬 수월해집니다.

✓ 이사 준비로 정신없을 때 할 일을 체계적으로 정리할 수 있어요.

✓ 가족과 할 일을 분담하고 비용도 정산할 수 있어요.

✓ 다음 이사 때도 그대로 활용할 수 있어요.

5.7

연락처 관리 템플릿
연락처도 Notion으로 정리해 보자

오랜만에 만난 지인의 이름이 잘 기억나지 않아 당황했던 적이 있지 않나요? 예를 들어, 직장 행사에서 마주친 사람의 이름이 헷갈릴 때처럼 말이죠. 자주 연락하지 않더라도 소중한 인연은 오래 기억하고 싶은 마음이 생기기 마련입니다. 이 템플릿은 그런 인연들을 잊지 않고 정리해 둘 수 있도록 도와줍니다. 고등학교 친구부터 회사 선후배, 오랜 지인까지 연락처와 관련 정보를 기록해 두면 생일에 메시지를 보내거나 여행지 근처에서 만나고 싶은 사람을 찾을 때 유용하게 활용할 수 있습니다.

 Rei

이렇게 연락처를 기록해 두는 것만으로도 관계를 다시 이어볼 기회가 생기고 중요한 사람들과의 연결을 놓치지 않도록 도와줍니다.

 ## 연락처를 등록해 보세요

먼저 '연락처 한 눈에 보기'에 연락처를 등록해 보세요. 등록할 대상은 가족, 친구, 직장 동료 등 떠오르는 사람들이면 누구라도 좋습니다.

▲ 연락처 등록

우선 [표] 레이아웃에서 새 페이지를 생성해 보세요. 제목에는 등록할 사람의 이름을 입력하고 관계를 속성으로 선택합니다. 예를 들어 '친구', '대학교 친구', '아르바이트'처럼 한눈에 관계를 파악할 수 있도록 여러 개의 속성을 함께 지정해 두는 것이 좋습니다. 거주지도 속성으로 입력해 두면, 필요한 상황에서 빠르게 확인할 수 있어 유용합니다. 추가 정보도 함께 입력해 보세요. 가능하다면 생일, 전화번호, 이메일을 기록해 두고 '메모'에는 만난 장소, 관심사, 취미 등을 정리해 두면 도움이 됩니다. 또한 사진이 있다면 페이지 안에 첨부해 두는 것도 좋은 방법입니다. 여기서는 예시로 이름, 관계, 거주지, 생일, 전화번호, 이메일 주소, 메모 등의 속성을 추가해 보았습니다. 떠오르는 항목이 있다면 자유롭게 추가해 보세요.

▲ 다양한 속성 활용

 연락처를 직접 찾아보세요

연락하고 싶은 사람이 생겼을 때, 정리해 둔 연락처 목록을 활용하면 빠르게 찾을 수 있습니다. 연락처가 많아질수록 원하는 사람을 찾는 일이 점점 어려워질 수 있는데 이럴 때는 [표] 레이아웃의 [필터] 기능을 활용해 보세요. 예를 들어 '관계', '거주지' 등의 속성을 기준으로 필터를 적용하면 필요한 연락처만 쉽게 확인할 수 있습니다. 또한, 연락처 페이지에 사진을 추가해 두면 [갤러리] 레이아웃을 통해 시각적으로 정리된 목록을 볼 수 있어 보다 직관적으로 사람을 찾을 수 있습니다.

▲ 속성별 레이아웃도 추천

사진이 함께 등록되어 있으면 연락처를 보다 직관적으로 확인할 수 있어 원하는 사람을 훨씬 쉽게 찾을 수 있습니다. 연락처를 등록할 때, 그 사람과의 추억이 담긴 사진을 함께 추가해 두면 정보 정리에 도움이 될 뿐만 아니라 나중에 다시 볼 때 따뜻한 기억을 떠올리는 계기가 되기도 합니다.

▲ [갤러리] 레이아웃에서 이미지로 찾기

✓ 지인의 연락처를 Notion에 정리해 보세요.

✓ 필터를 활용해 원하는 연락처를 쉽게 찾을 수 있어요.

✓ 관계를 기록하여 더욱 편리하게 활용하세요.

인터뷰
Notion 템플릿 기획·제작자
라별

저는 5년째 Notion을 꾸준히 사용하며, Notion 마켓플레이스에서 직접 제작한 템플릿을 판매하고 있는 '라별'이라고 합니다. 현재는 Notion 본사의 인증을 받은 국내 대표 Notion 커뮤니티인 '슈크림 마을'에서 서포터즈 리더로 활동하고 있어요. 커뮤니티 내에서 활발하게 사용자들과 소통하며, Notion의 다양한 활용법을 널리 알리고 공유하는 데 힘쓰고 있습니다. 또한, Notion 템플릿 제작 동아리인 '만들었슈'의 도우미로도 함께하며, Notion과 관련된 지식과 경험을 다른 사용자들에게 전하고 있어요. Notion 자동화에도 관심이 많아 '자동화'를 핵심 키워드로 삼아 콘텐츠와 템플릿 제작을 기획하고 있습니다.

 **Notion을 사용하기 시작한 계기는 무엇인가요?**

학창 시절, 다른 학생이 Evernote를 활용해 강의 내용을 정리하는 모습을 본 적이 있었어요. 당시에는 디지털 노트라는 개념이 참 신기하게 느껴졌고, 무엇보다도 편리해 보여 저도 자연스럽게 Evernote 사용을 시작하게 되었죠. 당시에는 파일 업로드 용량이 제한적이어서 유료 요금제를 사용했지만, 활용 가능한 기능이 많지 않았고 여러 노트를 함께 사용하는 데에도 불편함이 있었습니다. 그래서 다른 기록 도구를 찾던 중 Notion을 알게 되었고, 지금까지 계속 사용하고 있습니다. Notion은 요금제에 따라 차이가 있지만 대용량 파일도 업로드할 수 있고, 다양한 데이터베이스의 레이아웃 덕분에 여러 페이지를 원하는 형태로 구성해 볼 수 있어 만족스럽게 활용하고 있어요. 최근에는 버튼 블록과 데이터베이스 반복 기능 덕분에 훨씬 더 편리하게 사용 중이며, 나만의 홈페이지처럼 대시보드를 꾸밀 수 있다는 점이 저에게는 매우 큰 매력으로 다가왔어요.

 **현재 Notion을 주로 어떤 목적으로 사용하고 있나요?**

현재는 거의 모든 기록을 Notion으로 관리하고 있어요. 특히 업무 일지나 업무와 관련된 지식을 정리하는 용도로 가장 많이 활용하고 있죠. 그리고 여행 기록이나 일상 속에서의 소소한 순간들을 담는 일상 기록은 물론이고, 소위 '덕질'이라고 부르는 저의 취미생활도 모두 Notion을 통해 정리하고 있어요. 시간이 흐르면 아무리 소중했던 순간들도 자연스럽게 잊히는 게 아쉬워서 매일 비슷하게 흘러가는 하루라고 해도 그날을 나중에 다시 떠올릴 수 있도록 기록하고 있습니다. 저에게 Notion은 단순한 도구가 아니라 하루하루를 의미 있게 기억하게 도와주는 일기장 같은 존재로 자리 잡았어요. 그래서 일상 속 작은 감정이나 생각도 놓치지 않고 담아두려 노력하고 있어요.

 **Notion을 더 잘 활용할 수 있는 팁이 있나요?**

Notion의 매력 중 하나는 사용자가 설정한 방식에 따라 자동화된 작업을 수행할 수 있어 매우 편리하게 사용할 수 있다는 점이라고 생각해요. 예를 들어, 업무 일지나 습관 기록처럼 매일 반복되는 작업의 경우 데이터베이스에서 나만의 템플릿을 만들어 반복 설정해 두면 원하는 요일과 시간대에 자동으로 페이지가 생성돼요. 또 할 일 목록이나 장보기, 간단한 메모처럼 한 번씩 기록해야 하는 작업이 있을 때는 자신만의 양식을 버튼에 저장해 두고 손쉽게 활용할 수 있어요. 버튼을 누르면 원하는 템플릿이 블록 형태로 생성되어 곧바로 기록이 가능하기 때문에 마치 일상 속에서 포스트잇을 꺼내 쓰는 것처럼 가볍고 편하게 사용할 수 있어요.

 **Notion을 입문자에게 어떤 사용 방법을 추천하고 싶나요?**

Notion에 대한 관심이 높아지면서, 포털 사이트나 SNS에서도 Notion 사용법을 소개하는 다양한 콘텐츠를 쉽게 찾아볼 수 있게 되었어요. 한 권으로 전체적인 내용을 익힐 수 있는 책도 많아졌고 무료로 공유되거나 유료로 판매되는 템플릿들도 꾸준히 제작되고 있어요. 조금만 검색해 보면 많은 정보를 얻을 수 있지만 오히려 그런 정보들이 어렵게 느껴질 수도 있고 구매한 템플릿이 자신의 취향과 맞지 않거나 사용법이 복잡하게 느껴질 수도 있어요.

그렇기 때문에 보기만 하는 것이 아니라 직접 사용해 보는 경험이 정말 중요해요. Notion의 기능을 직접 사용해 보고 템플릿도 직접 수정해 보면서 '이런 기능도 있구나', '이렇게도 쓸 수 있네!' 하며 느끼다 보면, 어느새 자신만의 스타일에 맞는 사용법을 익히고 '나만의 템플릿'을 만들 수 있게 됩니다. 새하얀 도화지 같은 Notion의 빈 페이지가 막막하게 느껴진다면 일단 제목도 써 보고, 목차도 만들어 보고, 토글이나 콜아웃도 그냥 다 한 번씩 써보세요. 그 많은 기능들을 내 마음대로 조합해 한 페이지를 만들어 가는 것, 바로 그것이 Notion의 진짜 매력이니까요.

 직접 만들어 애용하는 Notion 템플릿을 소개해 주세요.

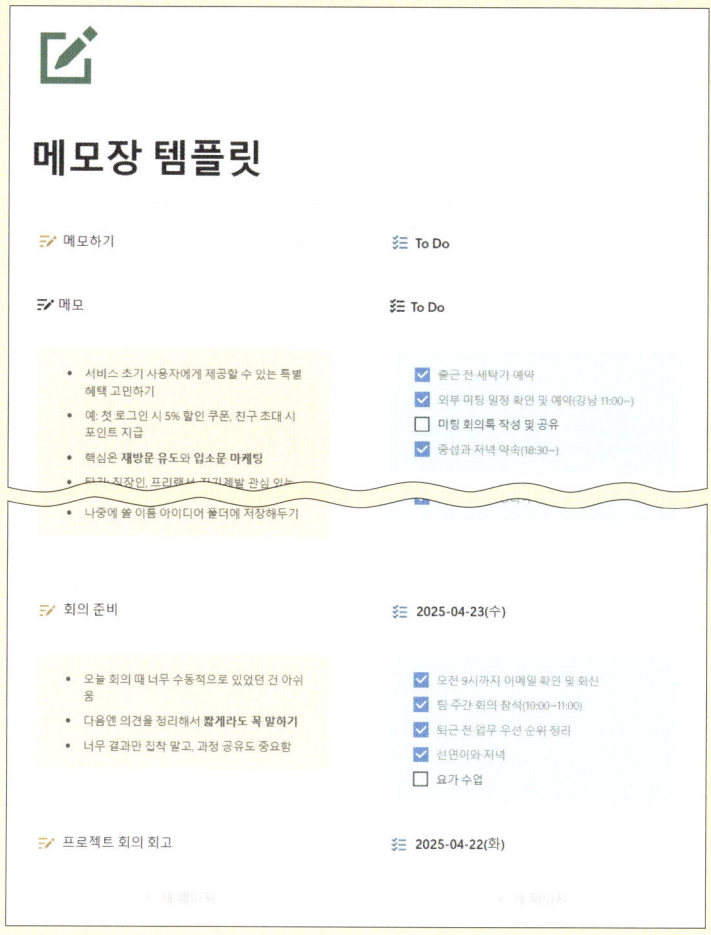

▲ 메모장 템플릿

저는 간단한 메모장 템플릿을 만들어서 사용하고 있어요. 데이터베이스의 내용이 많아질수록 '+ 새 페이지' 버튼을 찾기 어려울 때가 있는데요. 그래서 Notion을 실행하자마자 바로 메모할 수 있도록 [버튼] 블록을 활용해 기록하고 있어요.

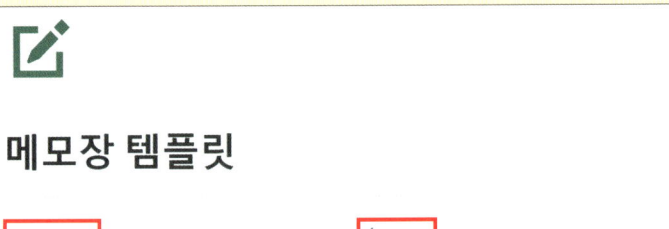

▲ [버튼] 블록 활용

[메모하기]와 [To Do]를 클릭하면, 각 버튼에 해당하는 페이지가 생성되기 때문에 원하는 내용을 입력하기만 하면 돼요. 데이터베이스의 레이아웃을 [갤러리]로 설정하여 각 페이지를 일일이 열지 않아도 어떤 내용이 들어 있는지 한눈에 확인할 수 있어요. 또한 '메모'와 '할 일(To Do)'을 구분해 두어서, 제가 원하는 내용을 더 쉽게 찾을 수 있도록 했어요.

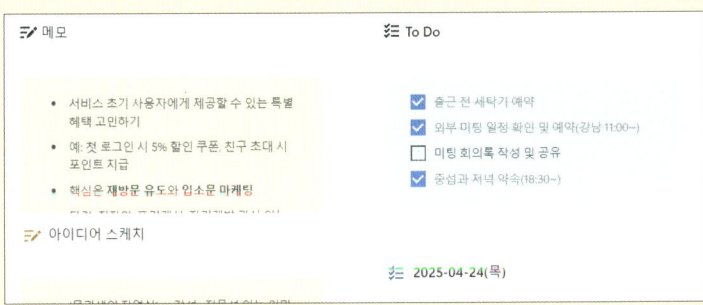

▲ [메모]와 [To Do]를 구분

🐻 라별의 추천 포인트

❶ **높은 사용자 맞춤성과 자동화 기능**: [반복하기]와 [버튼] 블록으로 자동화해 업무를 효율적으로 처리할 수 있어요.

❷ **기록과 정리에 최적화된 인터페이스**: 다양한 콘텐츠를 한 곳에서 통합 관리하고, 원하는 형태로 시각화할 수 있어요.

❸ **학습과 실습을 통한 쉬운 적응**: 직접 사용하며 기능을 익히다 보면 자연스럽게 자신만의 스타일로 활용할 수 있어요.

Chapter 6

소비 습관

6.1 구독 관리 템플릿
구독 서비스 낭비와 이별하기

구독 서비스를 정리해야 한다는 생각은 들지만 막상 번거롭게 느껴지거나 따로 시간을 내기 어려워 미루게 되는 경우가 많습니다. 하지만 한 번 마음을 먹고 모든 구독 항목을 정리해 보면, 매달 생각보다 많은 금액이 낭비되고 있었다는 사실에 놀라게 될 것입니다.

이 템플릿을 사용하면 빠르고 직관적으로 구독 서비스를 정리할 수 있어 구독 현황을 한눈에 파악하고 불필요한 지출을 줄이는 데 도움이 됩니다.

 Rei
Notion에서 구독 서비스에 지출하는 내역을 정리하면 불필요한 구독 서비스를 계속 결제하고 있었던 실수도 줄일 수 있겠죠!

 이용 중인 구독 서비스를 정리해 보세요

노슈니
'어? 이거 아직도 결제 중이었어?' 하는 순간이 찾아올 거예요. 연 단위 결제도 월 요금으로 환산해 기록해 두면, 구독료 총액을 한눈에 파악할 수 있어요.

먼저 '**구독 중인 서비스**'에 현재 이용 중인 모든 **구독 서비스를 정리해 보세요.** 새 페이지를 생성한 뒤 제목에는 구독 서비스의 이름을 입력합니다. '음악', '영상' 등 카테고리를 설정해 분류해 두면 나중에 관리하기가 훨씬 수월해 집니다. 요금은 월 정액 기준으로 입력하는 것을 추천합니다. 연 단위로 결제하는 서비스의 경우에도 월 요금으로 환산해 기록해 두면 다른 항목들과 한눈에 비교하기 쉬워집니다.

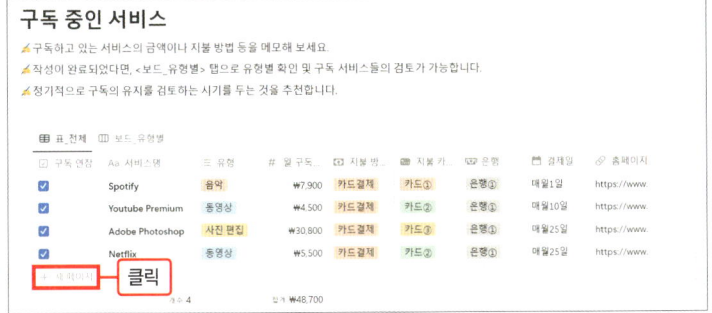

▲ 이용 중인 구독 서비스 등록

월별 요금을 입력하면 리스트 아래에 총액이 자동으로 계산됩니다. 이 금액이 바로 매달 지출되는 구독료의 총합입니다. 실제 지출 금액을 예상과 비교해 보면, 생각보다 큰 금액이 빠져나가고 있다는 사실을 확인하게 되는 경우가 많습니다. 구독 서비스는 개별 금액이 작아 무심코 여러 개를 이용하게 되는 지출이죠. 하지만 이렇게 리스트로 정리하고 실제 지출을 계산해 보면 불필요한 구독이 있는지 점검할 수 있는 좋은 계기가 될 것입니다. 또한, 구독 서비스 점검과 함께 결제 수단도 함께 정리해 보세요.

리스트에는 결제 방법, 사용 중인 카드, 출금 계좌 등의 정보를 함께 입력할 수 있도록 구성되어 있어 각 구독 서비스가 어떤 카드나 계좌에서 결제되고 있는지 한눈에 확인할 수 있습니다. 구독 서비스가 많아질수록 결제 흐름이 복잡해지기 쉬운데, 이번 기회에 결제 수단을 함께 정리해 두면 보다 단순하고 효율적으로 구독 서비스를 관리할 수 있습니다.

▲ 결제 수단도 등록

이 템플릿에 추가된 속성 외에 사용하는 구독 서비스의 종류에 따라 연 단위 결제나 결제일 등을 추가하면 더 편리하게 활용할 수 있습니다.

 구독 서비스를 유형별로 점검해 보세요

구독 서비스를 모두 등록했다면 [보드_유형별] 탭을 선택해 보세요. 여기에서는 음악, 영상 등 앞서 선택한 속성별로 구독 서비스가 정리되어 한눈에 확인할 수 있습니다. 이제 유형별로 현재 이용 중인 구독 서비스를 점검해 보겠습니다.

▲ [보드_유형별] 레이아웃에서 점검

구독 서비스를 유형별로 정리하는 이유는 비슷한 종류의 서비스가 여러 개 겹쳐 있는 경우를 쉽게 파악할 수 있기 때문입니다. 예를 들어,

영상 스트리밍 서비스를 여러 개 이용 중이라면 그중 하나쯤은 줄일 수 있지 않을지 또는 같은 유형의 서비스를 하나로 통합할 수는 없는지 생각해 볼 수 있습니다. 이처럼 유사한 서비스가 겹치고 있는지 확인하면 정리의 방향을 보다 쉽게 잡을 수 있습니다. 정리할 만한 구독 서비스가 눈에 들어왔다면 이미 점검은 성공한 셈입니다.

구독 항목 중에 '꼭 필요한 건 아닐지도 모른다'는 생각이 드는 서비스가 있다면, 한 번 더 검토해 보는 것이 좋습니다. 구독 서비스는 여러 가지 이유로 해지를 미루게 되는 경우가 많지만, 유형별로 정리해 두면 더 객관적으로 비교할 수 있고 결과적으로 진짜 필요한 서비스만 남길 수 있어 불필요한 구독료를 줄이는 데에도 효과적인 도구가 될 수 있습니다.

또한 한 번 리스트를 만들어 두었다면 주기적으로 다시 확인해 보는 것이 중요합니다. 정리한 상태로 방치하면 금세 잊히기 쉬우므로 일정한 점검 주기를 정해두면 더 효과적으로 관리할 수 있습니다. 예를 들어, 매년 한 번 정리하는 날을 정하거나, 새로운 구독 서비스를 시작할 때 기존 항목도 함께 검토하는 식으로 기준을 설정해 두면 불필요한 지출을 줄이고 꼭 필요한 서비스만 지속적으로 유지할 수 있습니다.

 **사용하지 않는 구독 서비스는 과감하게 해지하세요**

이제는 필요 없다고 생각하는 구독 서비스를 발견했다면 망설이지 말고 해지해 보세요. '구독 연장'의 체크를 해제하면 자동으로 '구독 해지 서비스'으로 이동하도록 설정해 두었습니다.

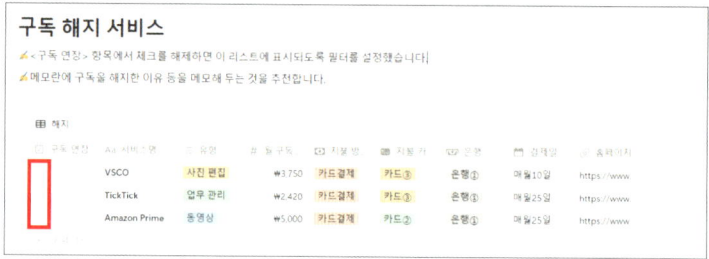

▲ 해지한 구독 서비스는 체크 해제

구독 서비스를 해지할 때는 해지 이유를 함께 메모해 두는 것이 매우 유용합니다. 이유를 구체적으로 기록해 두면, 나중에 같은 서비스를 다시 고민하게 되었을 때 왜 해지했는지를 쉽게 확인할 수 있어 불필요한 재구독을 줄일 수 있습니다.

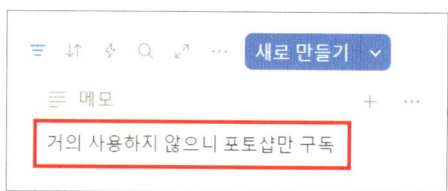

▲ 해지 이유 메모

한 번 구독 서비스를 정리하고 나면, 이후 새로운 서비스를 추가할 때 더욱 신중해지는 계기가 됩니다. 새로 구독을 시작하려 할 때마다 '이 서비스가 정말 필요한가', '기존 서비스로 대체할 수는 없는가', '이전에 해지한 서비스보다 더 가치 있는가'와 같은 기준을 스스로 점검하게 되죠. 이러한 습관이 자리잡으면 불필요한 지출을 줄이고, 꼭 필요한 서비스만 효율적으로 유지할 수 있습니다.

✓ 구독 서비스를 한눈에 파악할 수 있어요.
✓ 유형별로 정리하여 점검하기 편리해요.
✓ 해지한 구독 서비스도 목록으로 관리할 수 있어요.

6.2 가계부 템플릿
귀찮음을 느끼는 사람에게 이런 가계부를 추천합니다

돈 관리를 어려워하거나 가계부 작성을 번거롭게 느끼는 사람도 많습니다. 요즘은 다양한 가계부 앱이 출시되어 있지만 꾸준히 사용하는 것이 쉽지 않은 경우가 많습니다. 영수증을 촬영하거나 카드 사용 내역을 일일이 확인하는 과정이 번거롭다고 느껴지기 때문입니다. 이 템플릿은 이런 불편함을 줄이고, 더 간단하게 가계부를 정리할 수 있도록 만든 템플릿입니다.

복잡한 기능 없이 Notion 안에서 필요한 지출만 간단히 정리할 수 있어 꾸준히 사용하기에 부담이 적습니다. 가계부 작성을 꾸준히 이어가기 어려웠던 경험이 있다면 이 템플릿을 통해 보다 가볍고 지속 가능한 방식으로 시도해 보시기 바랍니다.

 Rei
처음 보면 복잡해 보일 수도 있지만 입력해야 하는 항목이 아주 간단해 간편하게 사용할 수 있습니다!

항목별 예산부터 설정해 보세요

노슈니

가계부의 시작은 '결과 기록'보다 '예산 계획'! 항목을 세분화하면 돈의 흐름이 보이기 시작해요.

가계부를 작성하기 전에 먼저 항목별로 월 예산을 설정해 보는 것이 좋습니다. 이를 위해 템플릿에는 항목별로 예산을 입력할 수 있는 공간이 마련했습니다. 자신이 매달 어디에 어느 정도의 금액을 지출하고 있는지를 미리 계획해 두면 이후 지출을 관리하는 데 훨씬 수월합니다.

▲ 수입과 예산을 입력

먼저 [**수입**] 속성에 월급 등 자신의 수입을 입력해 보세요. 그리고 [**예산**] 속성에는 식비, 교통비, 고정비 등 항목별 생활비 예산을 입력합니다. 템플릿에는 기본적인 항목으로 구성되어 있지만 필요에 따라 자신에게 맞게 수정하거나 새 항목을 추가할 수 있습니다. 예를 들어, 취미 활동처럼 개인적인 관심사에 대한 예산을 별도로 설정하는 것도 좋은 방법입니다. 이렇게 예산을 정리해 두면 수입 대비 지출 비율을 보다 명확하게 파악할 수 있어, 지출을 조절하거나 줄여야 할 항목을 쉽게 확인할 수 있으며 한 달 예산을 계획적으로 운영하는 데도 큰 도움이 됩니다.

이 템플릿은 항목을 자유롭게 추가하거나 수정할 수 있어, 자신에게 맞춘 예산 관리가 가능합니다. 다른 가계부 앱에서 제공하지 않는 항목도 직접 설정할 수 있으므로 보다 유연하고 실용적인 방식으로 가계부를 활용할 수 있습니다.

 월말에 실제 지출 금액을 입력하세요

한 달이 끝나면 실제 지출 금액을 기록해 보세요. 각 항목에 지출 내역을 입력하면, 예산 대비 지출 비율이 시각화된 그래프가 자동으로 표시됩니다. 이 그래프는 각 항목의 예산 소진 상태를 직관적으로 확인할 수 있도록 도와줍니다. 특히 그래프가 오른쪽 끝까지 도달한 경우, 해당 항목의 예산을 모두 소진했거나 초과했음을 의미하므로 주의가 필요합니다.

▲ 월말에 실제 지출 금액 입력

예산 대비 지출 비율이 100%를 초과한 항목이 있다면, 해당 항목에 생각보다 많은 지출이 있었던 것으로 볼 수 있습니다. 이 경우 예산 항목을 다시 조정하거나, 다음 달에는 해당 지출을 조금 더 의식적으로 관리해 보는 것도 좋은 방법입니다.

이 템플릿은 지출 금액을 직접 계산해 입력하는 불편을 최소화하도록 설계되었습니다. 복잡한 계산 없이 필요한 항목만 간단히 기록하면 자동으로 예산 대비 비율이 계산되므로 수작업의 부담 없이 효율적으로 가계부를 정리할 수 있습니다.

예산	실제 지출	지출/예산
		0%
₩500,000	₩500,000	100%
₩30,000	₩28,000	93.3%
₩400,000	₩380,000	95%
₩300,000	₩350,000	116.7%
₩50,000	₩18,000	36%
₩200,000	₩187,500	93.8%
₩50,000	₩35,000	70%
₩300,000	₩300,000	100%
₩500,000	₩500,000	100%

▲ 예산 대비 지출 비율 자동 계산

영수증을 일일이 보관하거나 사용한 금액을 직접 계산하는 것이 번거롭다면 은행 계좌를 항목별로 분리해 관리하는 방법도 고려해 볼 수 있습니다. 예를 들어, 식비는 ○○은행, 생활용품비는 ××은행, 취미비는 △△은행과 같이 계좌를 용도별로 나누고, 월 초에 각 계좌로 예산 금액을 자동이체해 두는 방식입니다.

이렇게 설정해 두면 각 계좌의 잔액이 해당 카테고리의 예산이 되므로 월말에는 잔액만 확인해도 예산을 지켰는지 간단히 파악할 수 있습니다. 가계부 작성이 번거로워서 자주 포기했던 경험이 있다면, 이처럼 계좌 자체를 예산 통제 수단으로 활용하는 방법이 좋은 대안이 될 수 있습니다.

 **연간 수입·지출을 한눈에 확인할 수 있어요**

매월 지출 금액을 입력하면 '월별 수입·지출 기록'에서 연간 수입/지출이 자동으로 표시됩니다. '수입·지출 기록'과 '월별 수입·지출 기록' 두 개의 데이터베이스가 연결되어 있습니다. 여기에서는 별도로 입력할 필요가 없습니다. 각 월의 총액, 남은 금액, 월 전체 예산 대비 실제 지출 비율 등도 자동으로 계산됩니다.

▲ 월별 수입·지출을 자동 반영

해당 월에 얼마나 돈이 남았는지, 과소비한 달은 없는지 등을 시각적으로 확인하면 재정을 더 효과적으로 관리할 수 있습니다. 연간 총 금액도 화면 하단에 표시되므로 1년 동안의 자금 흐름을 한눈에 파악할 수 있습니다.

- ✓ 귀찮음이 많아도 가계부를 지속적으로 기록할 수 있어요.
- ✓ 간단하게 예산과 지출만 입력하세요.
- ✓ 매월 수입과 지출을 간단하게 파악할 수 있어요.

6.3 위시리스트 템플릿
원하는 상품을 한곳에서 관리하자

사고 싶은 물건을 발견할 때마다 어디에 메모하고 계신가요? 여러 온라인 쇼핑몰이나 SNS, 광고 등을 다양한 쇼핑 채널을 접하다 보면 관심 있는 상품들을 한곳에 정리해 두기 어려울 때가 많습니다. 이럴 때 Notion을 활용하면 쇼핑 채널에 관계없이 모든 상품을 하나의 템플릿에서 통합 관리할 수 있어 훨씬 효율적입니다. 또한, 실제로 구매한 상품도 함께 기록해 둘 수 있어 이후에는 소지품 목록으로도 활용할 수 있다는 장점이 있습니다.

 Rei
사고 싶은 물건을 한눈에 볼 수 있어 가격 비교할 때도 편리합니다!

210

 ## 위시리스트를 작성해 보세요

먼저 사고 싶은 상품의 리스트를 만들어 보세요. 온라인 쇼핑몰이나 SNS 등의 여러 쇼핑몰에서 찜해 둔 아이템을 '위시리스트'에 등록하면 한곳에서 관리할 수 있습니다. 추가하는 방법은 크게 두 가지가 있습니다.

 노슈니

[갤러리] 레이아웃의 카드 크기를 [작게]로 설정하면 더 많은 상품을 표시할 수 있어요!

원하는 상품을 직접 추가하려면, '위시리스트'에서 새 페이지를 만들고 제목에 상품명을 입력한 뒤 '카테고리'를 선택해 분류합니다. 해당하는 카테고리가 없다면, 자신의 필요에 맞게 새롭게 만들어도 좋습니다. 상품의 가격과 판매 사이트의 URL을 입력하고, 상품 이미지도 첨부해 주세요. **[갤러리] 레이아웃에서는 이미지가 함께 표시되기 때문에, 여러 상품을 한눈에 확인하기에 더욱 편리합니다.**

▲ 새 상품 추가

또한, Notion의 공식 확장 기능인 Web Clipper를 활용하면 쇼핑몰에서 상품 정보를 더 간편하게 저장할 수 있습니다. Notion 홈페이지에서 Web Clipper를 설치한 후, 원하는 상품 페이지에서 확장 기능 아이콘을 클릭하고, 로그인한 뒤 제목을 편집하고 저장할 데이터베이스로 [DB_위시리스트]를 선택하면 자동으로 저장됩니다. 이때 상품 이미지도 함께 불러와지기 때문에 별도로 첨부하지 않아도 되어 더욱 편리하게 활용할 수 있습니다.

 원하는 상품을 찾아보세요

위시리스트에 저장한 아이템을 찾을 때는 [갤러리_전체] 레이아웃에서 이미지를 보고 찾는 것도 좋지만 상품이 많을 경우 다소 불편할 수 있습니다. 이럴 때는 [표_전체] 레이아웃과 [필터] 기능을 활용해 보세요.

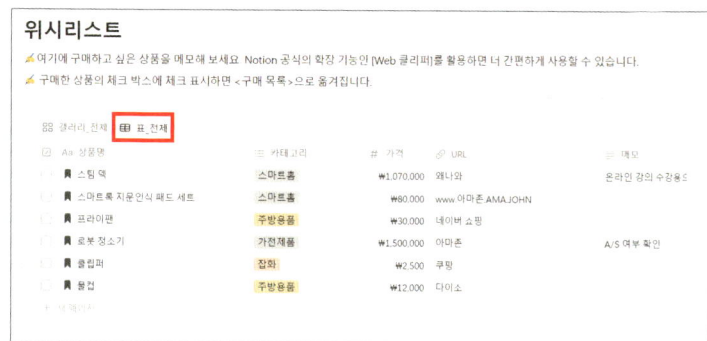

▲ [표] 레이아웃과 필터로 찾기

예를 들어, 카테고리에서 '스마트 홈'으로 필터를 설정하면 원하는 스마트 홈 제품을 바로 찾을 수 있습니다. 필터를 활용하면 원하는 항목을 쉽게 좁힐 수 있어 상품을 비교할 때도 편리합니다.

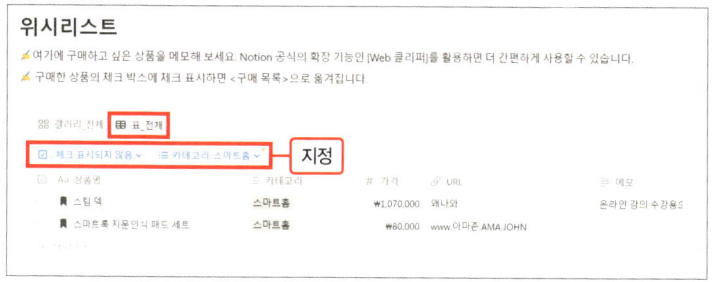

▲ [카테고리]로 필터링

 **구매한 상품은 구매 목록으로 옮겨 보세요**

상품을 실제로 구매했다면 해당 상품을 '구매 목록'로 옮겨 보세요. 위시 리스트에서 해당 항목의 체크박스에 체크 표시만 하면 됩니다. '위시 리스트'와 '구매 목록'은 동일한 데이터베이스를 기반으로 하며, 체크 여부에 따라 필터가 적용되어 '구매 목록'으로 옮겨집니다.

이렇게 관리하면 어떤 상품을 이미 구매했는지 쉽게 파악할 수 있어, 비슷한 상품을 중복 구매하는 실수를 줄일 수 있습니다. 새로운 상품을 살 때도 기존에 보유한 항목과 비교해볼 수 있어 보다 계획적인 소비가 가능합니다.

▲ 구매한 상품은 체크하여 관리

✓ 여러 사이트의 상품을 한곳에 모을 수 있어요.

✓ 카테고리별로 정리할 수 있어요.

✓ 구매한 상품을 관리할 수 있어요.

6.4 견적서 템플릿
Notion에서 견적서를 만들어 보세요!

'견적서'라고 하면 보통은 Excel이나 스프레드시트에 항목을 정리하고, 형식을 갖춰 제출하는 다소 격식 있는 문서를 떠올리게 되지만 실제 업무에서는 먼저 간단하게 금액을 계산해 보거나, 내부 참고용으로 간단한 수준의 견적만 필요한 경우도 많습니다.

이 견적서 템플릿은 이런 상황에서 유용하게 활용할 수 있도록 구성되었습니다. 공식적인 견적서를 작성하기 전 메모 용도로 미리 정리해 보거나 빠르게 금액을 계산해 보고 싶을 때 가볍게 활용할 수 있습니다.

 **Rei**

이 템플릿에서는 Notion의 함수를 활용합니다. 직접 사용해 보면서 자신에게 맞게 함수를 수정하며 구조와 작동 방식을 함께 익혀보세요.

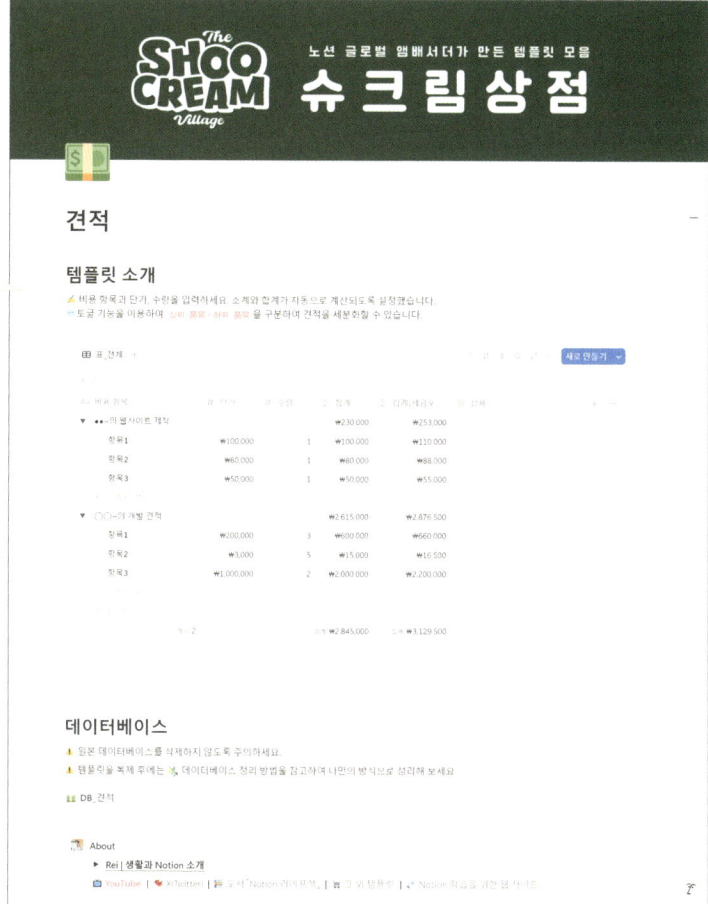

215

Notion으로 견적서를 만들어 보세요

견적서가 필요한 상황에 맞춰 이 템플릿을 복제해 활용해 보세요. 여기서는 웹 사이트 제작에 필요한 견적을 정리하면서 템플릿의 사용 방법을 함께 살펴보겠습니다. 웹 사이트 제작에는 디자인, 코딩 등 다양한 작업이 필요한데 이 템플릿은 그런 세부 항목들을 보기 좋게 정리하기 위해 Notion의 **[하위 항목]** 기능을 활용하고 있습니다.

견적서 템플릿에서는 '웹 사이트 제작'을 상위 아이템으로 설정하고 이에 포함되는 디자인, 코딩 등의 작업을 하위 항목으로 구성해 표시하고 있습니다.

먼저 ❶**[+새로 페이지]**를 클릭해 상위 항목을 추가한 뒤, ❷왼쪽에 나타나는 **[토글]** 버튼을 눌러 ❸**[+새로운 하위 항목]**을 선택하면 세부 작업을 하위 항목으로 추가할 수 있습니다.

▲ 새 하위 항목 추가

❹각 항목을 입력한 후, 속성란에 금액을 입력해 주세요. 단가와 수량을 입력하면 해당 항목의 '합계'와 '합계(부가세 포함)'가 자동으로 계산되어 표시되며, 상위 항목의 총액도 함께 합산되어 나타납니다. 업무 범위나 참고 사항 등 추가로 기재할 내용이 있다면 '상세'에 메모해 두면 좋습니다. 이렇게 입력을 완료하면 하나의 견적이 완성됩니다.

 **함수를 활용하면 더 편리하게 사용할 수 있어요**

이 템플릿에는 다양한 Notion 함수가 활용되어 있어 자신이 원하는 방식으로 함수를 설정하면 보다 편리한 견적서를 만들 수 있습니다. 함수 사용이 어렵게 느껴질 수도 있지만, Notion의 함수는 비교적 간단한 구조로 익숙해지면 누구나 쉽게 다룰 수 있습니다. 여기서는 Notion 함수의 기본 구조를 '세로 계산'과 '가로 계산' 두 가지 방식으로 구분할 수 있습니다.

'세로 계산'은 데이터베이스의 열을 기준으로 합계나 평균 등을 계산하는 방식입니다. [표] 레이아웃의 아래에 표시되는 [계산]을 선택하면 사용할 수 있는 함수 목록이 표시됩니다. 예를 들어 [합계]를 선택하면 해당 열의 모든 값을 더한 결과가 자동으로 표의 아래에 표시되며, 이 외에도 [수]를 선택하면 [모두 세기], [빈 값 세기] 등의 다양한 계산을 손쉽게 적용할 수 있습니다.

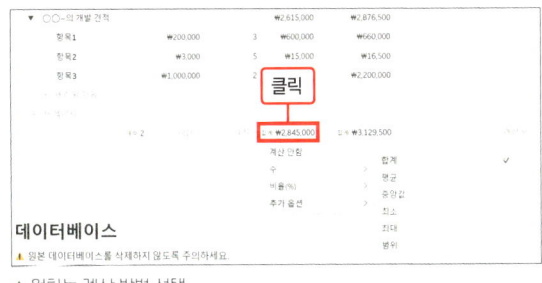
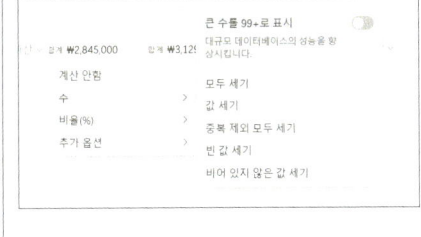

▲ 원하는 계산 방법 선택

'세로 계산'에 비해 '가로 계산'이 다소 복잡하게 느껴질 수 있지만, 기본 구조만 이해하면 Excel처럼 곱셈이나 나눗셈도 쉽게 구현할 수 있습니다. 이 경우에는 [속성] 중 [함수]를 사용합니다. ❶먼저 새로운 속성을 만들고 속성 유형을 [수식]로 변경한 다음, ❷[수식]을 클릭하면 함수 입력란이 나타납니다.

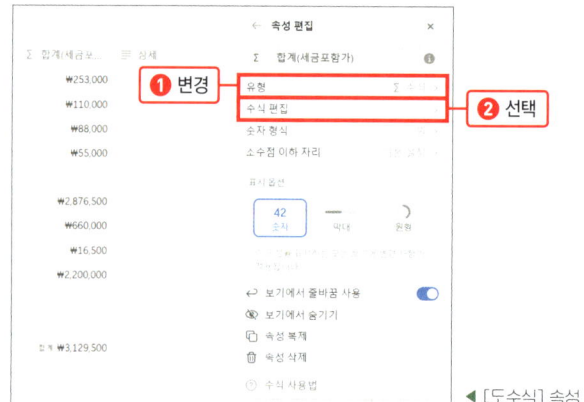

▲ [도수식] 속성

❸ 여기서 필요한 계산식을 직접 입력할 수 있으며, 예를 들어 '단가 × 수량'처럼 속성 간의 곱셈을 설정할 때는 각 속성을 선택하고, 사이를 '*' 같은 연산 기호로 연결하면 됩니다. 이렇게 가로 방향의 계산도 자유롭게 추가할 수 있어, 자신에게 맞는 방식으로 견적 항목을 유연하게 조정할 수 있습니다.

▲ 수식 입력

 **[하위 항목] 기능을 사용해 보세요**

이 견적서처럼 큰 항목 아래에 세부 작업이나 구성 항목을 연결하고 싶다면 **[하위 항목]** 기능을 활용해 보세요. **[하위 항목]**을 설정하려면 데이터베이스에서 [···]-**[사용자 지정]**-**[하위 항목]**-**[하위 항목 켜기]**을 선택하면 됩니다.

▲ [하위 항목] 설정

이 기능은 Notion의 **[연결 관계]** 기능을 응용한 것입니다. 일반적으로 연결 관계를 설정하려면 서로 다른 데이터베이스를 생성해 연결해야 하지만 **[하위 항목]** 기능을 사용하면 하나의 데이터베이스 안에서 상하 연결 관계를 간편하게 구성할 수 있습니다.

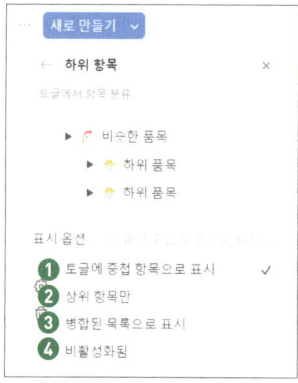

▲ 하위 항목 설정

[하위 항목] 창에서 선택할 수 있는 설정은 다음과 같습니다.

❶ [토글에 중첩 항목으로 표시]: 상위 항목 안에 하위 항목이 토글 형태로 포함됩니다.

❷ [상위 항목만]: 상위 항목만 표시되고 하위 항목은 숨겨집니다.

❸ [병합된 목록으로 표시]: 상하위 구분 없이 하나의 목록으로 표시됩니다.

❹ [비활성화됨]: 하위 항목 기능이 꺼지고 모든 항목이 개별 항목으로 표시됩니다.

✓ Notion으로 간단한 견적서를 만들 수 있어요.

✓ 간단한 수식을 직접 작성해 보세요.

✓ [하위 항목] 기능을 활용해 보세요.

Chapter 7

아카이빙

7.1 사내 Wiki 템플릿
흩어진 회사 정보를 정리해 보세요!

지금 근무 중인 회사의 사내 규정, 복리후생, 교육 제도 등의 정보가 어디에 정리되어 있는지 알고 있나요? 규모가 큰 기업이라면 사내 포털이나 인트라넷이 있을 수 있지만, 많은 경우 정보가 깊숙한 폴더에 숨겨져 있거나 오래되어 최신 내용이 아닐 수도 있습니다.

이럴 때 Notion으로 만든 '사내 Wiki' 템플릿은 사내 정보를 통합 정리하는 데 유용합니다. 부서별 운영 방식, 회사의 정책, 자주 묻는 질문 등을 한 공간에 모아두면 누구나 빠르게 필요한 정보를 찾을 수 있습니다.

> **Rei**
> 어디에 있는지 몰라서 찾기 어려운 파일은 이제 그만. 사내 Wiki에 회사 정보를 정리하고, 팀원들과 공유하며 활용해 보세요!

222

 **사내 Wiki에 회사 정보를 정리해 보세요**

먼저 사내 Wiki 템플릿에 어떤 정보를 담을지 미리 정리한 뒤, 각 항목에 대한 페이지를 만들어 보세요. 내용을 사전에 정리해 두면 전체 구조와 흐름을 파악하기 쉬워지고, 이후 전체 Wiki를 구성할 때도 훨씬 효율적입니다. 페이지를 만드는 방법은 간단합니다. **[+ 새 페이지]** 를 클릭한 후 제목을 입력하고 필요한 내용을 작성해 나가면 회사 정보 항목 하나가 완성됩니다.

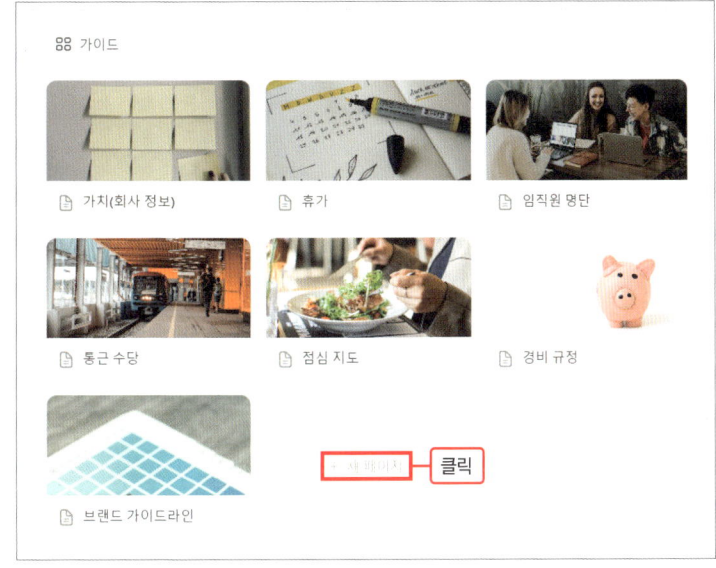

▲ 페이지에 회사 정보 정리

 **이런 회사 정보 페이지 아이디어 어때요?**

이 템플릿에는 예시로 몇 가지 페이지가 포함되어 있습니다. 기존에 자주 사용하는 정보 외에도 실제 업무 중에 '이런 정보가 정리되어 있으면 좋겠다'고 느꼈던 항목들을 참고하여 구성해 보았습니다. 필요에 따라 이 예시들을 참고하거나 조직에 맞게 자유롭게 추가·수정하여

활용해 보세요. 이 템플릿에서는 다음과 같은 페이지를 추천합니다.

▲ 점심 지도

▲ 직원 소개

▲ 경비 규정

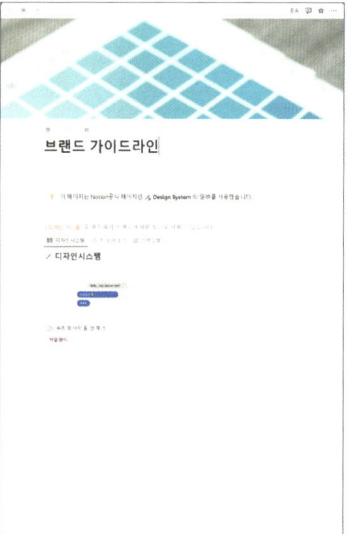

▲ 브랜드 가이드라인

 **페이지를 보기 좋게 배치하여 깔끔한 Wiki로 만들어 보세요**

새로운 직원이 입사 후 가장 먼저 확인해야 할 정보나 직원들이 반복적으로 문의하는 중요 페이지는 '우선 여기를 확인해 주세요'에 배치해 보세요. 이 영역은 접근하기 쉬운 영역이므로 직원들이 자주 확인해야 하는 정보를 배치하는 것이 중요합니다. 또한 **[갤러리]** 레이아웃을 활용하면 내용을 보다 직관적으로 정리할 수 있으며 각 페이지에 '커버 이미지'를 추가하면 시각적인 인식이 높아져 페이지 접근성이 향상됩니다.

'기업 정보', '역량 및 교육', '사내 제도' 등의 기타 항목은 주요 인덱스를 기준으로 분류하면 가독성이 높아지고 원하는 정보를 더 쉽게 찾을 수 있습니다. 이렇게 배치한 블록은 드래그 핸들을 클릭하여 원하는 위치에 배치할 수 있습니다.

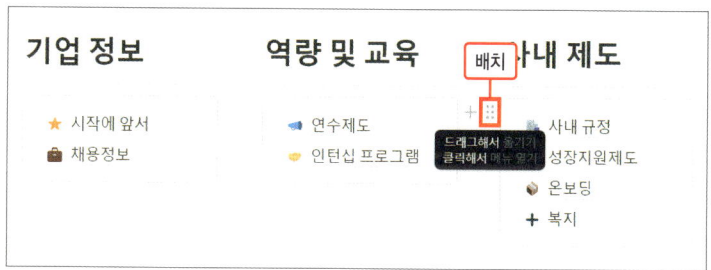
▲ 인덱스로 분류

템플릿에 원하는 정보를 담은 페이지를 생성하여 보기 좋게 배치하면 '사내 Wiki'가 완성됩니다. 사내 구성원들이 편리하게 활용할 수 있도록 직접 만들어 보세요.

- ✓ 반복해서 확인해야 하는 정보를 정리해 보세요.
- ✓ 회사에 적합한 내용을 편집해 보세요.
- ✓ 누구나 보기 쉬운 배치를 고민해 보세요.

7.2 사원 소개 템플릿
사원 데이터베이스를 만들어 보세요!

함께 일하는 동료에 대해 얼마나 잘 알고 있나요? 회사 규모가 커질수록 '저 사람은 어떤 일을 하는 누구였지?'라며 모르는 사람이 생기기 마련입니다. 이럴 때 Notion을 활용해 직원 정보를 정리해 두면 매우 유용하게 활용할 수 있습니다. 또한, 새로운 직원이 입사할 때 자기소개를 준비해야 하는 경우도 많은데, 이 템플릿을 그대로 소개 자료로 활용할 수 있어 효율적입니다. 나중에 합류한 구성원도 기존 내용을 쉽게 파악할 수 있어 적응 속도를 높이는 데 도움이 됩니다. 특히 인력 이동이 잦은 조직이나 업계에서는 이러한 정보가 미리 정리되어 있으면 업무 인수인계나 협업에도 큰 도움이 됩니다.

 Rei
이 직원 소개 템플릿은 제 직장에서 실제로 활용하고 있는 내용입니다!

 **직원들을 템플릿에 초대하세요**

먼저, 사원 소개 템플릿을 사내 구성원들과 공유해 보세요. 전사적으로 Notion을 사용하고 있다면 모든 직원과 공유하여 활용하는 것이 가장 효율적입니다. 아직 Notion을 도입하지 않은 경우에는 소속된 부서 단위로 먼저 활용을 시작해 보는 것도 좋은 방법입니다.

템플릿을 공유하려면 ❶템플릿 오른쪽 위에 있는 **[공유]**를 클릭한 뒤, ❷Notion에 등록된 이메일 주소를 입력하고 ❸**[초대]**를 선택하면 바로 공유가 완료됩니다. 새로운 직원이 입사했을 때도 이 템플릿을 공유하고 내용을 작성하도록 하면, 기존의 직원과 자연스럽게 의사소통을 시작하는 계기가 될 수 있습니다.

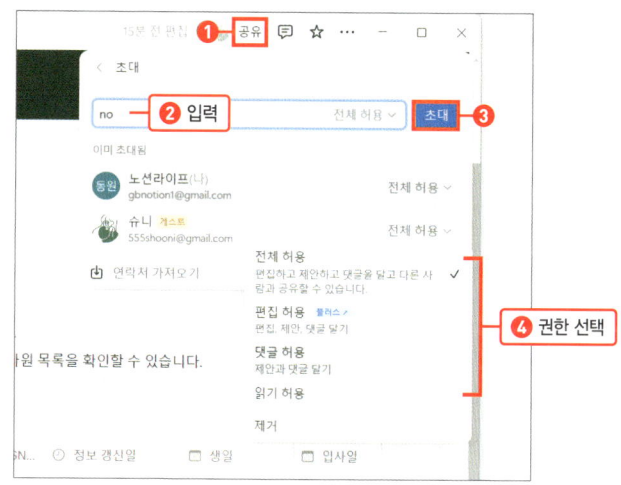
▲ 공유 권한 선택

 **자기소개를 작성해 보세요**

템플릿을 공유한 후 회사 구성원들에게 자기소개를 작성하도록 해보세요. '사원 한 눈에 보기'의 **[표]** 레이아웃을 활용하여 속성을 입력할

수 있도록 설정합니다. 필요에 따라 추가할 항목이 있다면 자유롭게 설정해 보세요.

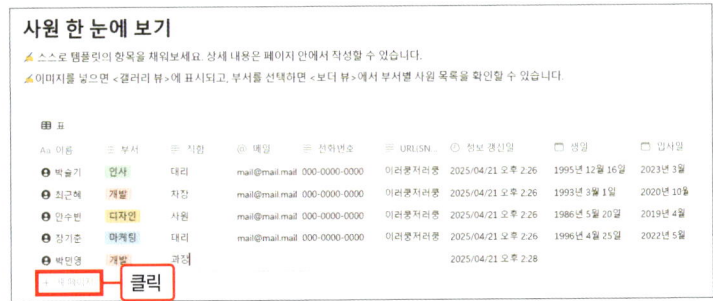

일반적인 기본 정보뿐만 아니라, 'URL(SNS)', '입사일', '생일', '좋아하는 것' 등의 정보를 추가하면 동료들의 관심사나 활동을 알 수 있어 자연스럽게 친밀도를 높일 수 있습니다. 또한 페이지 내에 '프로필 사진', '경력 요약', '스킬', '취미' 등을 작성할 수 있는 공간도 마련했습니다. 이를 입력해 두면 자기소개를 할 때나 새로 입사한 동료를 소개할 때 유용하게 활용할 수 있을 것입니다.

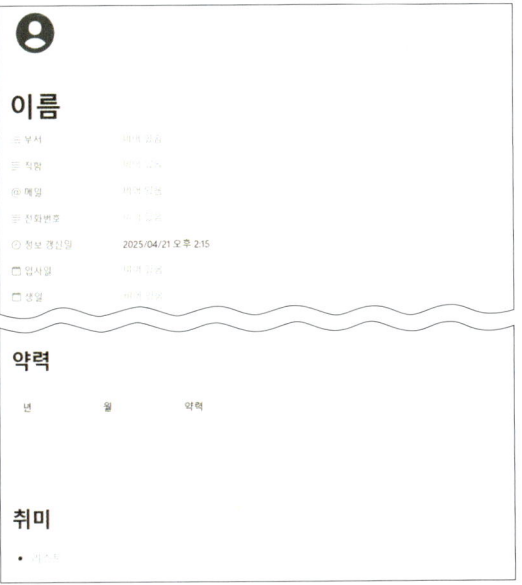

▲ 자기소개 입력

 **여러 가지 방법으로 사원을 찾아보세요**

이 템플릿은 '이름은 모르지만 얼굴은 기억나는 사람'이나 '특정 부서의 누군가'를 찾고 싶을 때 유용하게 활용할 수 있습니다. 각 사원의 프로필 페이지에 사진을 추가해 두면, '사원 이미지로 보기'에서 이미지로 해당 직원을 찾을 수 있어 입사 초기라 이름을 모두 외우지 못했거나 순간적으로 이름이 떠오르지 않을 때 특히 편리하게 사용할 수 있습니다.

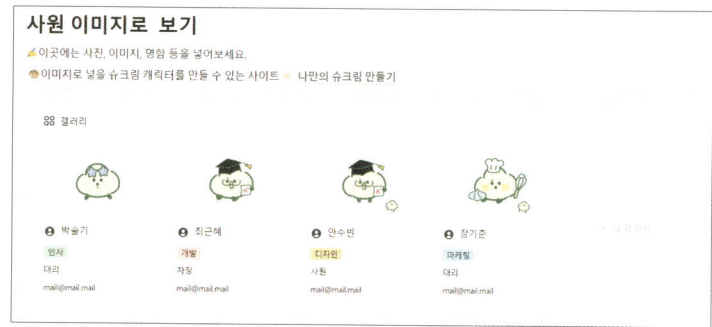

▲ 사진으로 찾기

또한 프로필에는 흔한 증명사진뿐 아니라 취미나 관심사와 관련된 이미지를 함께 등록해 두는 것도 좋은 방법입니다. 이렇게 하면 자연스럽게 대화의 소재로 이어질 수 있어, 업무 외적으로도 관계 형성에 도움이 됩니다.

페이지 아래의 속성에서 선택한 '부서' 속성을 활용해 부서별로 직원을 검색할 수 있도록 설정했습니다. 부서별 직원 목록이 정리되어 있으면 다른 부서에 업무가 있을 때도 필요한 직원을 쉽게 찾을 수 있으며, 회사 구조를 한눈에 파악할 수 있는 장점도 있습니다. 꼭 활용해 보세요.

▲ 부서별로 찾기

함께 일하는 동료나 팀 상사의 생일이라면 생일 선물을 준비해 보세요. 매일 같이 일하는 동료라도 생일은 쉽게 잊어버리기 마련이고 직접 묻기도 애매한 경우가 많습니다.

생일	입사일	좋아하는 것
1995년 12월 16일	2023년 3월 26일	치킨
1993년 3월 1일	2020년 10월 11일	돈
1986년 5월 20일	2019년 4월 10일	칼퇴
1996년 4월 25일	2022년 5월 22일	강아지

▲ 사원 소개 템플릿 활용

사원 소개 템플릿에 생일, 입사일, 좋아하는 것 등을 메모해 두면 생일 정보를 확인할 수 있어 평소 고마운 마음을 담아 좋아하는 것을 생일하기에도 유용합니다.

- ✓ 사원 정보를 템플릿에 정리해 보세요
- ✓ 사원의 정보와 경력을 스스로 작성하게 해 보세요.
- ✓ 사진을 삽입하면 사원을 찾기 쉽고 이해하기도 편리해요.

7.3 포트폴리오 템플릿
Notion으로 포트폴리오를 공개하는 방법

웹 사이트를 처음부터 직접 제작하기 어려운 경우, 포트폴리오 웹 사이트를 만드는 일이 부담스럽게 느껴질 수 있습니다. 전용 포트폴리오 제작 서비스를 활용할 수도 있지만 대부분 레이아웃에 제약이 있거나, 무료 서비스에는 많은 제한이 있죠. 이럴 때 Notion 템플릿은 웹 페이지 형태로 공개할 수 있어, 포트폴리오 용도로 활용하기에 매우 적합합니다.

디자인 자유도도 높은 편이며 링크 공유만으로 누구나 손쉽게 확인할 수 있어 접근성과 편의성 모두 뛰어납니다. 여기에서는 Notion을 활용해 감각적인 포트폴리오 템플릿을 구성하는 방법을 단계별로 소개합니다. 디자인 경험이 많지 않아도, 기본적인 템플릿과 기능만으로도 충분히 세련된 결과물을 만들 수 있습니다.

Rei

Notion을 사용하면 부담 없이 쉽게 편집할 수 있고, 변경 사항이 웹 사이트에 즉시 적용되어 매우 편리합니다!

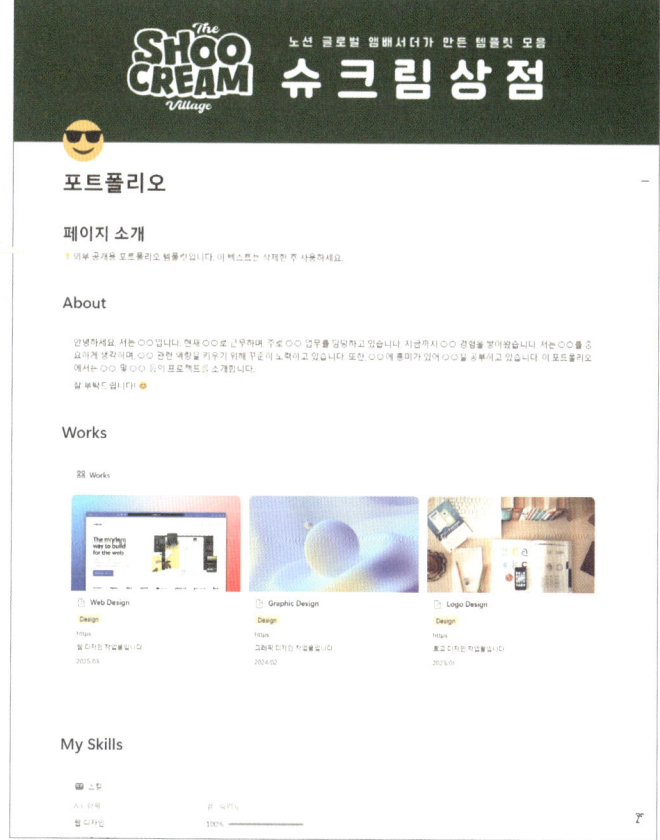

자신만의 포트폴리오를 만들어 보세요

이제 Notion을 활용해 포트폴리오 페이지를 만들어 보겠습니다. 여기서는 제공된 템플릿을 기반으로, 포트폴리오를 구성하는 기본적인 방법을 단계별로 소개합니다. 먼저 포트폴리오의 시작점이 되는 'About'에 자기소개를 작성해 보세요. 현재 하고 있는 일뿐만 아니라 지금까지 경험한 주요 업무와 프로젝트를 정리하는 것이 좋습니다. 또한, 직무 경험과 개인적으로 진행한 활동이나 공부하고 있는 분야까지 함께 정리하면, 자신의 관심사와 성장 과정을 더 효과적으로 보여줄 수 있어 포트폴리오의 완성도를 높이는 데 도움이 됩니다.

▲ 자기 소개

다음으로 'Works'에는 자신이 참여했던 프로젝트나 작업 사례를 정리해 보세요. 과거의 작업 기록이 한눈에 정리되어 있으면 포트폴리오의 전문성과 완성도를 높이는 데 큰 도움이 됩니다. 먼저 'Works'에서 새 페이지를 생성하고 프로젝트의 제목을 입력합니다. 여러 분야의 작업을 진행한 경우에는 태그 기능을 활용해 카테고리별로 분류하면 가독성과 탐색이 쉬워집니다.

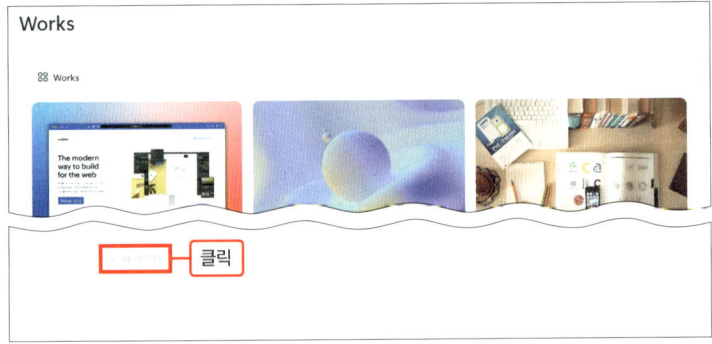

▲ 참여한 프로젝트나 작업 사례

또한 프로젝트의 진행 기간과 함께 관련 웹사이트나 공개된 결과물이 있다면 URL 링크를 함께 기재해 주세요. 작업의 배경이나 성과를 간단히 소개하는 보충 설명도 덧붙이면 포트폴리오를 보는 사람이 내용을 더 잘 이해할 수 있습니다.

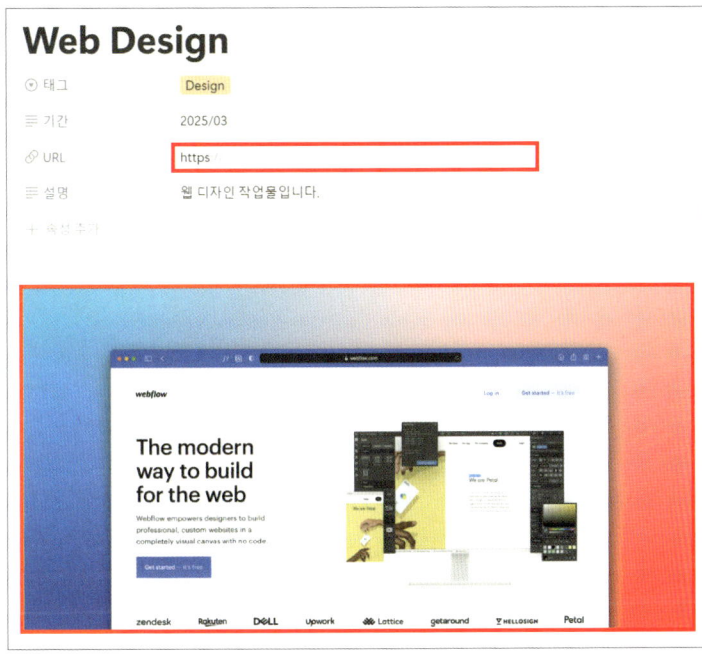

▲ 결과물 첨부

노슈니

이런 시각적 요소를 적재적소에 활용하면, 긴 설명보다 더 강한 인상을 줄 수 있어요.

'My Skill'에서는 자신이 보유한 역량을 시각적으로 표현할 수 있습니다. 새로운 페이지를 생성한 후, '레벨'에 각 스킬의 숙련도를 백분율로 입력해 보세요. **입력한 숫자에 따라 막대 그래프 형식으로 자동 표시되도록 설정되어 있어, 복잡한 설명 없이도 어떤 기술을 어느 정도 보유하고 있는지 한눈에 파악할 수 있습니다.** 이 영역에는 '직무 역량'과 '언어' 같은 속성을 활용해 스킬을 유형별로 분류할 수 있으며, 자격증이나 면허 정보도 함께 정리해 두면 이력의 신뢰도를 높이는 데 도움이 됩니다.

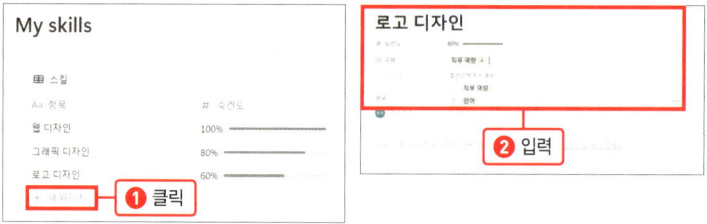

▲ [+새 페이지]를 클릭한 다음 자신의 스킬 추가

'Follow me on'에는 대표적인 SNS 링크를 버튼 형태로 배치할 수 있도록 구성되어 있습니다. 자신의 SNS 계정을 연결해 두면 포트폴리오의 확장성과 신뢰도를 높일 수 있습니다.

▲ SNS 계정 연결

링크를 설정하려면 먼저 ❶링크를 연결하고 싶은 텍스트를 선택한 뒤, ❷나타나는 메뉴에서 [링크 추가]를 선택합니다. ❸그 다음, 연결할 웹 페이지의 URL을 입력하면 설정이 완료됩니다. 이렇게 하면 해당 텍스트를 클릭했을 때, 사용자의 SNS 프로필 페이지로 바로 이동할 수 있습니다.

▲ SNS 링크 추가

'Instagram', 'LinkedIn', 'GitHub' 등 자신을 소개할 수 있는 다양한 SNS 채널을 연결해 보세요. 포트폴리오의 신뢰도를 높이고 다양한 채널에서 더 많은 기회를 만들 수 있습니다.

SNS 링크는 [콜아웃] 블록을 활용해 구성되어 있습니다. 이 기능을 사용하면 앞에 아이콘을 추가하고 텍스트에 강조 효과를 줄 수 있어, 일반적인 링크보다 더욱 감각적이고 눈에 띄는 링크 버튼을 만들 수 있습니다. [콜아웃] 블록에서는 텍스트의 색상을 바꾸거나, 아이콘을 변경하는 것만으로 다양한 SNS 링크로 간편하게 변환할 수 있습니다. 아이콘을 변경하려면 콜아웃 앞에 있는 아이콘을 클릭한 뒤 기본 이모지 중에서 선택하거나 [업로드]를 선택하여 원하는 이미지를 직접 등록할 수도 있습니다. 이렇게 설정하면 포트폴리오가 더욱 개성 있고 직관적으로 구성됩니다.

연락처 정보를 추가해 보세요

▲ 연락처 정보

마지막으로 포트폴리오에 자신의 연락처 정보를 추가해 보세요. 특히 이메일 주소를 클릭하면 자동으로 메일 작성 창이 열리도록 설정하면 보는 사람이 더욱 쉽게 연락할 수 있습니다. 연락처 정보를 추가하려면 ❶이메일 주소를 입력한 뒤, ❷해당 텍스트를 선택하고 메뉴에서 [링크 추가]를 클릭합니다. ❸그다음 URL 입력란에 'mailto:'를 입력하고 이메일 주소를 입력하세요. 예를 들어 "mailto:yourname@mail.mail"과 같이 작성하면 됩니다.

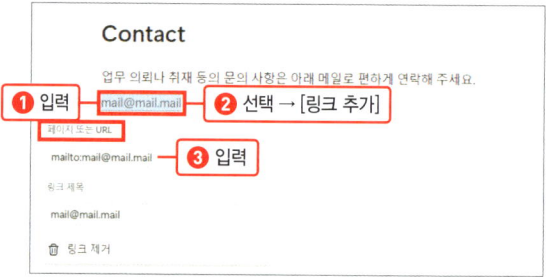

▲ 이메일 클라이언트 설정

이렇게 설정해 두면, 사용자가 이메일 주소를 클릭했을 때 메일 클라이언트가 자동으로 열리며 바로 작성할 수 있어 편리합니다. 연락처까지 모두 입력했다면 포트폴리오 페이지가 완성된 것입니다.

포트폴리오를 링크로 공유해 보세요

노슈니

링크로 공유한 포트폴리오는 업데이트 내용이 바로 반영되기 때문에 항상 최신 상태로 유지할 수 있어요. 혹시 있을 수 있는 실수도 쉽게 바로잡을 수 있습니다.

포트폴리오 템플릿이 완성되면 SNS 등에 공유할 수 있는 URL을 생성해 보세요. 포트폴리오의 URL을 생성하려면 ❶템플릿 오른쪽 위에 있는 [공유]를 클릭한 뒤 [게시]를 클릭하면 됩니다. ❷이때 [템플릿으로 복제]는 웹페이지 용도로만 활용할 경우 비활성화해 두는 것이 좋습니다. ❸그다음 [Web 공개용 링크 복사] 버튼을 클릭하면 URL이 복사됩니다. 이렇게 생성된 링크는 SNS나 이메일 등 원하는 채널을 통해 간편하게 공유할 수 있으며, 포트폴리오 요청을 받았을 때 URL 하나만 보내면 되어 매우 편리합니다.

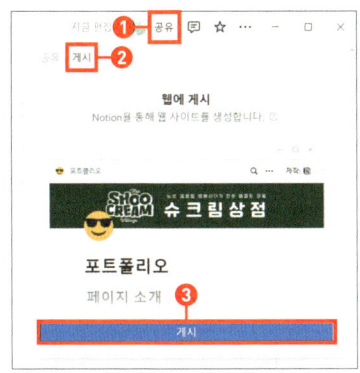 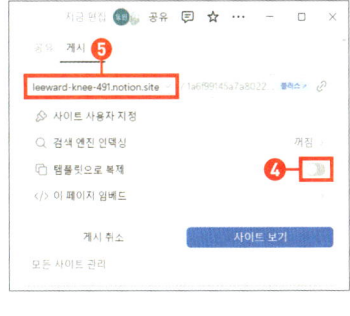

▲ 포트폴리오 게시 설정

[게시] 창에서 선택할 수 있는 설정은 다음과 같습니다.

- **[사이트 사용자 지정]**: 특정 사용자만 이 페이지를 열람할 수 있도록 설정합니다.
- **[검색 엔진 인덱싱]**: 이 페이지가 구글 등 검색엔진에 노출되도록 설정합니다.
- **[템플릿으로 복제]**: 다른 사용자가 이 페이지를 복사해 사용할 수 있도록 허용합니다.
- **[이 페이지 임베드]**: 다른 웹사이트나 페이지에 이 페이지를 삽입할 수 있도록 설정합니다.

- ✓ 포트폴리오 사이트를 Notion에서 쉽게 만들 수 있어요.
- ✓ 템플릿을 활용해 심플하고 감각적인 포트폴리오를 만들어 보세요.
- ✓ [공유] 기능으로 포트폴리오를 웹 페이지로 공개해 보세요.

7.4 취업 준비 템플릿
바쁜 취업 준비도 Notion으로 관리할 수 있다

취업은 누구에게나 인생에서 한 번쯤은 겪게 되는 중요한 과정입니다. 이력서 작성부터 면접 준비까지, 해야 할 일이 많고 때로는 마음까지 지치기 마련이죠. 이럴 때 Notion을 활용하면, 취업 준비의 전체 흐름을 한눈에 파악하고 효율적으로 관리할 수 있습니다.

지원한 기업 정보를 정리하거나, 각 기업의 전형 일정과 준비 상태를 확인할 수 있으며, 예상 질문 리스트를 만들어 면접을 준비하거나 면접 당일 필요한 메모를 정리하는 데도 도움이 됩니다. 다가오는 취업 시즌을 앞두고 준비가 막막하게 느껴진다면, 이 템플릿을 활용해 보세요. 조금 더 정돈된 마음으로, 체계적이고 효율적인 취업 준비를 시작할 수 있을 것입니다.

 Rei
이 템플릿은 신규 취업뿐만 아니라 이직 활동에도 유용한 템플릿입니다. 이 템플릿을 활용해 원하는 곳에 취업하거나 이직하는 데 도움이 되길 바랍니다.

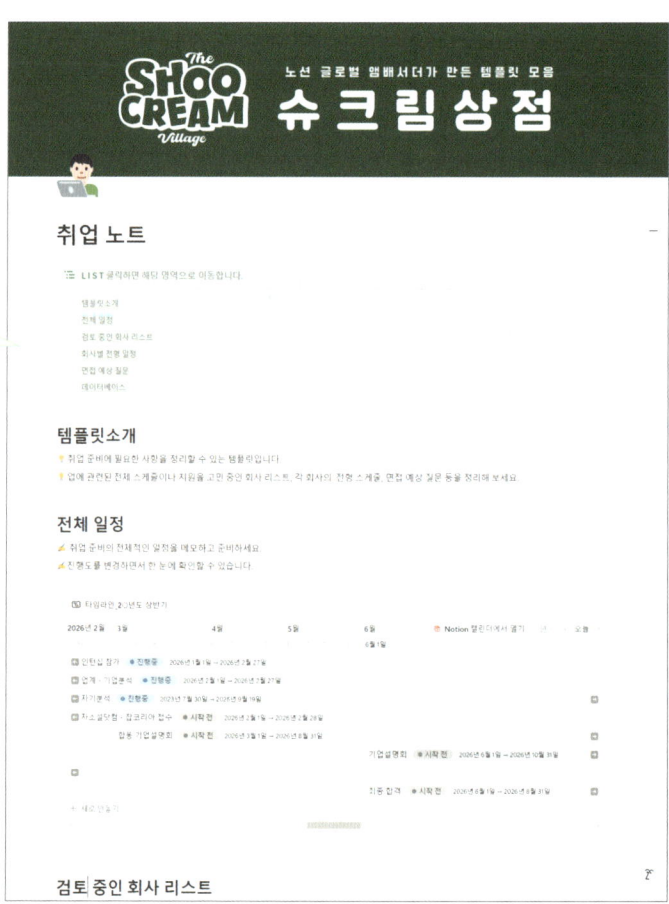

 ## 전체 일정을 파악해 보세요

취업 준비 기간은 길고 해야 할 일도 많습니다. 무엇부터 시작해야 할지, 어떤 순서로 진행해야 할지 전체적인 흐름을 파악하기 어렵다면 취업 준비를 시작하기 전에, 먼저 전체 일정을 정리해 보세요. '전체 일정'에 기본적인 항목을 추가해 두었으니 해당 연도의 취업 일정에 맞게 수정하여 활용하세요. 취업 준비가 진행되면서 '상태'를 업데이트하면 지금까지 완료한 내용과 앞으로 해야 할 일을 한눈에 확인할 수 있습니다.

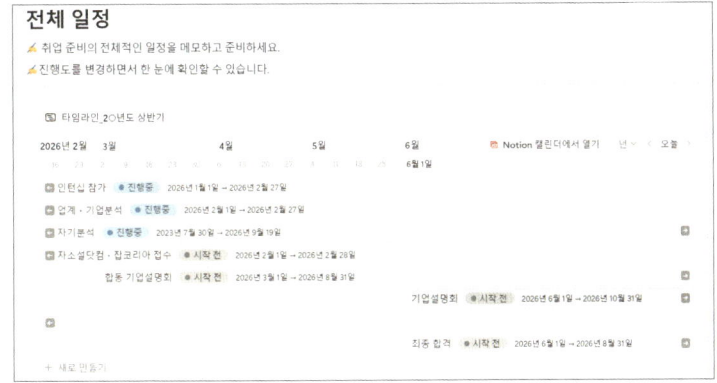

▲ [타임라인] 레이아웃으로 전체 일정 확인

 ## 지원할 회사 정보를 정리해 보세요

취업 활동을 시작하면 취업 설명회를 듣거나 취업 사이트를 살펴보면서 관심이 가는 기업이나 지원하고 싶은 기업을 찾게 될 것입니다. 그럴 때 잊어버리지 않도록 '검토 중인 회사 리스트'에 메모해 두세요.

▲ 회사 세부 정보 입력

노슈니

지원 순위 등의 속성을 추가하면, 본격적인 지원 전에 원하는 기업을 빠르게 필터링할 수 있어요.

'검토 중인 회사 리스트'에서 새 페이지를 만들고, 제목에 기업명을 입력합니다. '지망 순위', '업계', '적성 테스트' 등의 속성이 준비되어 있으므로 해당 항목을 선택합니다. 이밖에 필요에 따라 유용한 항목을 추가해 사용하면 됩니다.

 채용 일정 관리해 보세요

취업 준비를 하다 보면 여러 기업의 전형이 동시에 진행되기 때문에 서류 제출과 면접 일정을 관리하는 것이 쉽지 않습니다. 중요한 전형 일정을 놓치지 않도록 Notion을 활용하여 채용 일정도 간편하게 관리할 수 있습니다.

지원서 제출 마감일이나 면접 일정이 정해지면 해당 회사의 이름을 입력하고 전형 단계별 일정을 입력합니다. 그리고 기억해 두어야 할 중요한 전형 내용은 메모에 기록해 두세요.

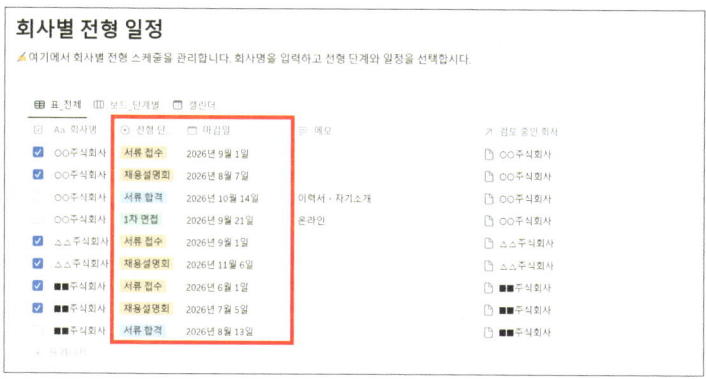

▲ 마감일도 잊지 말고 입력

마지막으로, '회사별 전형 일정'에 해당 기업을 입력합니다. 이 항목은 앞서 만든 '검토 중인 회사 리스트'와 연결되어 있어 해당 기업의 페이지를 선택하면 자동으로 연동됩니다. 반대로 '검토 중인 회사 리스트'에서도 이 채용 일정을 확인할 수 있습니다. 채용 일정은 [표_전체] 레이아웃 외에도 [보드_단계별], [캘린더] 레이아웃을 준비해 두었습니다. [캘린더] 레이아웃을 사용하면 다이어리처럼 전형 일정을 확인할 수 있으며, 직접 일정을 추가할 수 있습니다. [보드_단계별] 레이아웃을 활용하면 '서류 합격', '1차 면접' 등 진행 단계별로 기업 목록을 정리할 수 있어 어떤 기업이 어느 단계까지 진행되었는지 한눈에 파악할 수 있습니다.

▲ [캘린더] 레이아웃

▲ [보드_단계별] 레이아웃

 ### 예상 질문 리스트로 면접을 준비해 보세요

전형이 진행되면 면접을 보게 됩니다. 이럴 때 유용한 것이 바로 '면접 예상 질문'입니다. 면접에서 자주 나오는 질문들을 미리 준비해 두면, 면접 당일의 긴장감과 부담을 줄이는 데 도움이 됩니다. 취업 준비 과정에서 이러한 질문 리스트를 만들어 두면 실제 면접에서도 유용하게 활용할 수 있습니다. 예상 질문을 등록하고, 각 질문에 대한 답변을 하나씩 작성해 보세요.

또한 면접 연습이나 실제 면접에서 예상치 못한 질문을 받았다면, 다음 면접을 대비할 수 있도록 질문 리스트에 계속 추가하는 것을 추천합니다.

'회사명' 속성은 앞서 선택한 일정과 마찬가지로 검토 회사 리스트와 연동되어 있으므로, 실제 면접을 볼 회사를 선택하면 됩니다. 이렇게 기업별로 [레이아웃]을 구분하여 만들어 전략적으로 준비하는 것도 좋은 방법입니다.

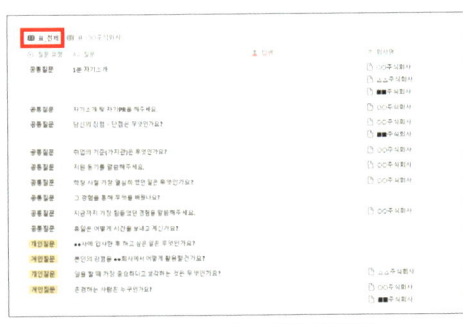

▲ 질문과 답변을 메모하기 좋은 [표_전체] 레이아웃

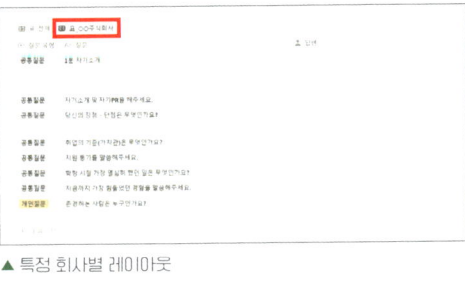

▲ 특정 회사별 레이아웃

POINT

✓ 취업 준비에 필요한 전체 일정을 파악할 수 있어요.

✓ 지원할 기업의 정보를 한번에 관리할 수 있어요.

✓ 질문 리스트를 만들어 면접에 철저하게 대비할 수 있어요.

7.5 거래처 관리 템플릿
거래처 데이터를 모아 활용해 보세요!

회사가 거래처와 업무를 진행할 때는 계약 체결이나 결제 처리를 위해 회사 주소, 계좌 정보 등 다양한 정보를 받아야 합니다. 이 템플릿을 사용하면 거래처 정보를 간편하게 메모하고 체계적으로 관리할 수 있습니다. 개인용 메모로 활용하는 것은 물론, 회사 내에서 공유하면 거래처 관리 도구로도 유용하게 사용할 수 있습니다. 이제 이 템플릿을 활용해 거래처 정보를 정리해 보세요.

 Rei
Notion으로 민감한 정보를 관리하는 것은 회사의 보안 정책에 따라 제한될 수 있으므로 사용 전에 관련 내용을 사전에 확인하는 것이 좋습니다.

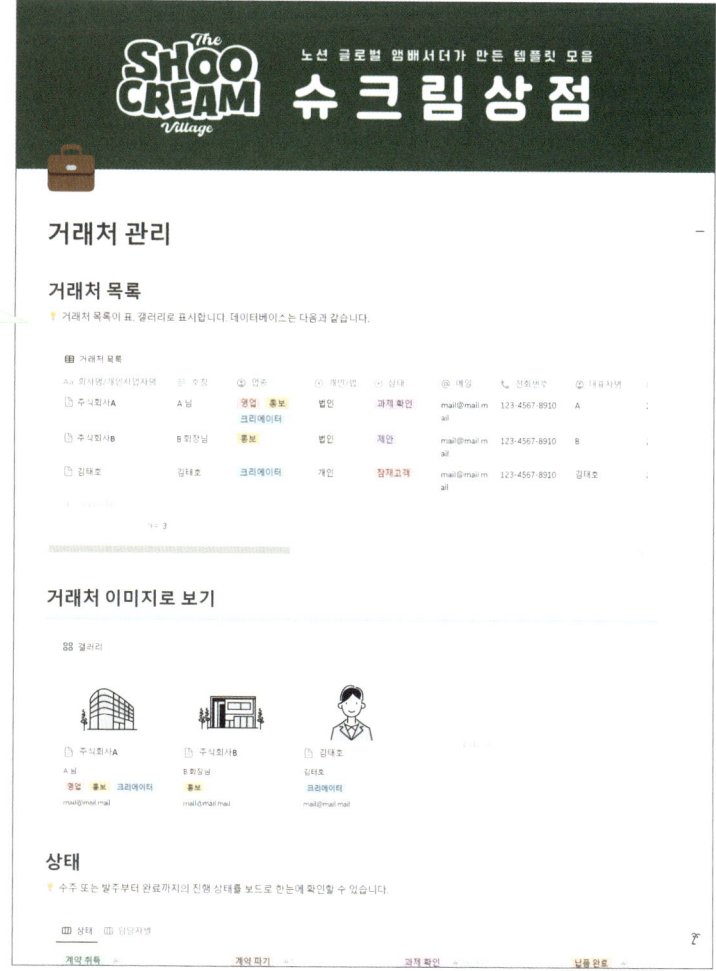

 **회사 구성원과 함께 활용해 보세요**

거래처 관리 템플릿에 함께 사용할 회사 구성원을 초대해 보세요. 팀 구성원이 여러 명이라면 팀원들과 함께 템플릿을 활용하는 것을 추천합니다. ❶팀원을 초대하려면 템플릿의 [공유] 버튼을 클릭한 후, ❷Notion에 등록된 팀원의 이메일 주소를 입력하면 됩니다. ❸이때 다른 구성원이 편집할 수 있도록 접근 권한을 꼭 확인하고 조정해 주세요.

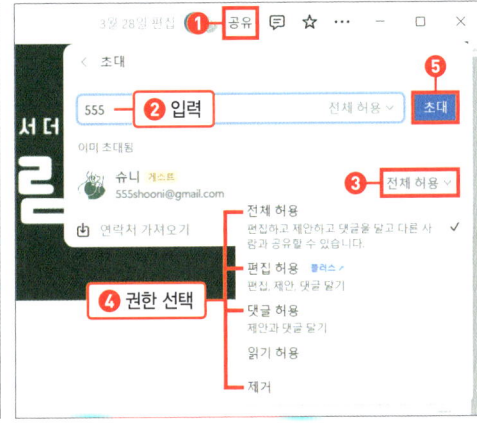

▲ 템플릿 공유

 **거래처를 등록해 보세요**

이제 Notion에 거래처를 등록해 보세요. '거래처 목록'에서 새 페이지를 생성한 후, 제목에 회사명을 입력하면 됩니다.

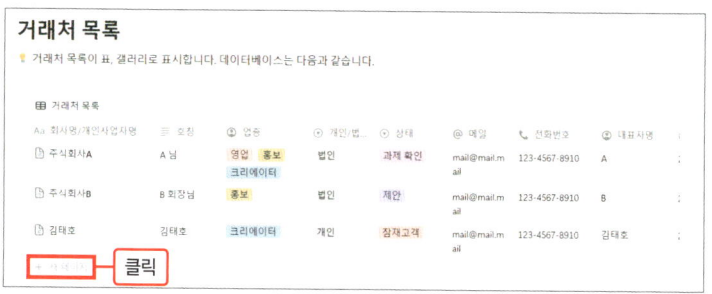

▲ 거래처 목록

다음으로 직종, 해당 기업과의 현재 거래 상태, 개인/법인 여부 등을 입력합니다. 계약이 완료된 경우에는 계약 상태 항목에 체크 표시를 해 두세요. 또한 거래처 대표자의 성명, 이메일 주소, 전화번호 등의 정보를 함께 입력합니다. 주소 이하의 항목들은 결제에 필요한 정보이므로 거래처로부터 이메일 등으로 받은 내용을 메모해 두는 것이 좋습니다. 추가로, 증빙 자료로 발주서나 이메일 내용을 첨부해 두는 것도 추천합니다. 템플릿에 포함된 항목들은 어디까지나 예시이므로, 각 회사의 업무 방식에 맞게 편리한 항목으로 자유롭게 수정해 사용해 보세요.

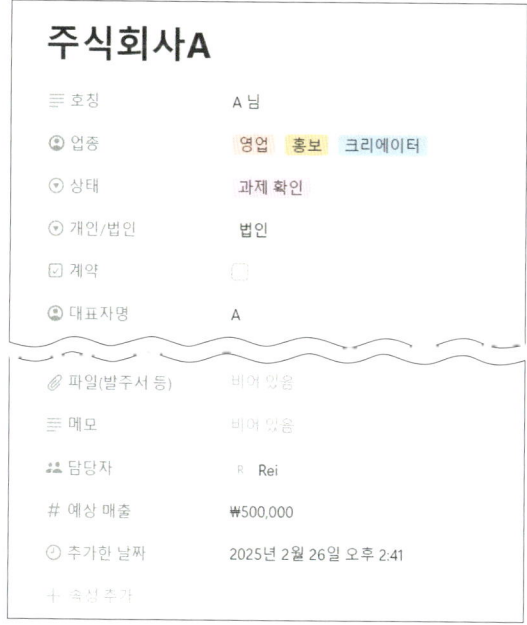

▲ 거래처 정보 입력

또한, 페이지 내에 기업 로고 등의 이미지를 추가하면 **[갤러리]** 레이아웃에서 이미지와 함께 표시할 수 있습니다. 기업 로고뿐만 아니라, 업무에 도움이 되는 다양한 이미지를 함께 첨부해 보세요. 예를 들어, 제품 사진이나 자주 연락하는 담당자의 명함 이미지 등을 추가하면 거래처를 시각적으로 이해하는 데 도움이 됩니다. 이러한 시각 자료는 팀원들과 정보를 공유할 때도 유용하게 활용할 수 있습니다.

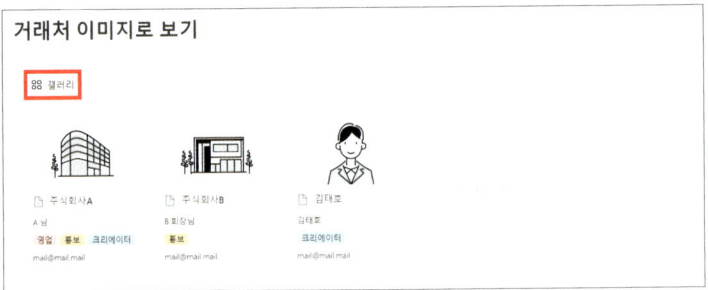

▲ [갤러리] 레이아웃 활용

 고객 상태도 확인할 수 있어요

이렇게 거래처 정보를 메모해 두면 고객의 현재 상태를 파악할 때도 유용합니다. 예를 들어, 영업팀이 여러 거래처와 동시에 업무를 진행하다 보면 각 거래처가 어떤 상황에 있는지 혼동될 수 있습니다. 이때 '상태'에서 해당 거래처가 잠재 고객인지, 제안 단계에 있는지, 혹은 계약이 완료된 고객인지 등을 한눈에 확인할 수 있습니다.

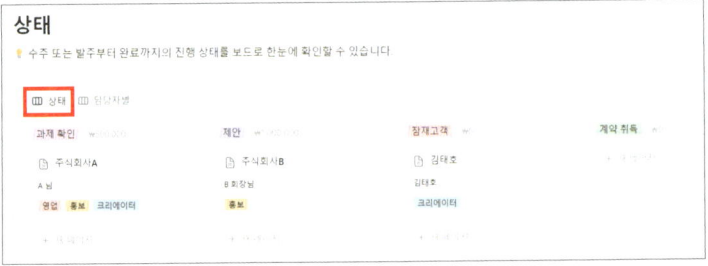

▲ 거래처 현황

노슈니

상태별 레이아웃을 추가하면 설정한 상태의 거래처만 빠르게 확인할 수 있고 스마트폰에서도 손쉽게 관리할 수 있어요.

'상태'는 거래처 등록 시 입력하는 속성으로 각 기업의 진행 상황을 나타냅니다. **이 속성은 페이지에 자동으로 반영되며, 선택한 상태 속성에 따라 해당 거래처가 '잠재 고객', '제안 진행 중', '계약 완료' 등 어떤 단계에 있는지 한눈에 확인할 수 있습니다.** 또한, 상태를 변경할 때는 기업 카드를 드래그하는 것만으로 간편하게 이동할 수 있어 관리가 더욱 편리합니다.

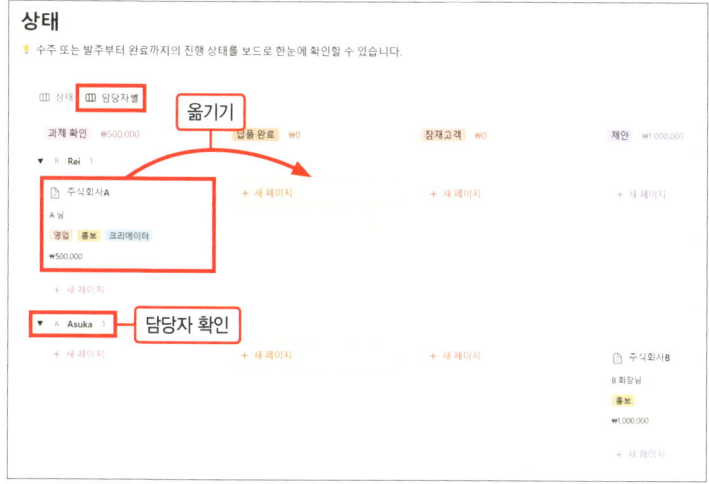

▲ 거래처 관리

팀원이나 여러 부서 구성원이 함께 거래처 정보를 관리할 경우에는 **[담당자별]** 레이아웃을 활용해 보세요. 이 레이아웃을 사용하면 각 담당자가 어떤 거래처를 맡고 있으며, 현재 어떤 단계에 있는지를 한눈에 파악할 수 있습니다.

✓ 업무 협업을 시작할 때 유용하게 활용할 수 있어요.
✓ 거래처 정보를 빠짐없이 정리해 보세요.
✓ 영업 도구로도 활용할 수 있어요.

인터뷰
수식 전문가! Notion 엠배서더 스윈

안녕하세요. Notion 앰배서더 스윈이라고 합니다. 저는 주로 Notion의 수식을 다루고 있으며, 다양한 활용 방법을 연구하고 있습니다. 현재 인스타그램을 통해 Notion 수식과 관련된 콘텐츠를 꾸준히 제작하여 많은 분들과 정보를 공유하고 있어요. 또한, 슈크림 마을 커뮤니티에서 방범대원으로서 활동하고 있으며, 취업 준비생과 직장인을 주요 대상으로 삼아 실질적으로 도움이 될 수 있는 템플릿을 제작하고 있습니다. Notion을 활용해 효율적으로 기록하고 관리할 수 있도록 돕는 데에 관심을 가지고 있으며, 특히 수식 기능을 통해 복잡한 작업을 자동화하거나 체계화하는 방법을 소개하는 데 집중하고 있습니다. 앞으로도 다양한 콘텐츠와 템플릿을 통해 Notion의 활용 가능성을 넓혀가는 데 힘쓰고자 합니다.

 **Notion을 사용하기 시작한 계기는 무엇인가요?**

처음으로 Notion을 접하게 된 것은 2020년경이었습니다. 당시 인턴을 시작했는데, 도보로 약 15분 정도 거리에 있는 두 곳의 근무지를 동시에 배정받아 오가면서 서로 다른 컴퓨터를 사용해 일정을 관리하는 데 불편함을 느꼈어요. 그러던 중 SNS를 통해 Notion을 알게 되었고, 다른 장소에서도 내가 저장한 페이지를 그대로 가져와 수정할 수 있다는 점을 알게 되면서 처음 사용을 시작하게 되었네요.

구글 드라이브 등 다른 서비스도 있지 않냐고 의문을 품을 수도 있습니다. 저 역시 이미 드라이브에 많은 것을 저장해 둔 상태였어요. 하지만 클릭 한 번으로 바로 페이지에 들어가 수정하기를 원했는데, 당시 구글 드라이브는 이 부분에서 다소 불편하게 느껴져 다른 방법을 찾고 있던 중이었습니다.

 **현재 Notion을 주로 어떤 목적으로 사용하고 있나요?**

저는 Notion을 주로 일정 관리나 영화 기록 정리, 취업 지원 기록 정리 등 제가 경험한 다양한 일들을 총괄적으로 관리하고 정리하는 용도로 사용하고 있어요. 그동안 여러 프로그램을 시도해 보기도 했지만, 개인적으로는 Notion이 가장 편리하다고 느꼈습니다. 특히 다른 프로그램과 연동하여 사용할 수 있다는 점이 큰 장점이었어요. 하나의 플랫폼 안에서 일정, 기록, 지원 내역 등을 체계적으로 정리할 수 있어서, 여러 자료를 따로따로 관리할 때보다 훨씬 효율적이더라고요. 무엇보다도 Notion은 자유도가 높아서, 제 필요에 따라 구조를 마음대로 조정할 수 있다는 점이 마음에 들었습니다. 덕분에 다양한 정보를 한눈에 보기 좋게 정리할 수 있었고, 빠르게 필요한 내용을 찾아볼 수 있어 시간 관리에도 많은 도움이 되었습니다. 앞으로도 계속 Notion을 활용해 저만의 정리 시스템을 발전시켜 나가고 싶어요.

 **Notion을 더 잘 활용할 수 있는 팁이 있나요?**

제가 처음 Notion을 접했을 때 시작했던 방법이기도 하지만, 우선 다양한 기능을 직접 사용해 볼 것을 추천합니다. Notion은 같은 결과를 목표하더라도 정말 다양한 방법으로 활용할 수 있는 도구입니다. 그렇기 때문에 정답을 찾으려 하기보다는, 지금 보고 있는 책처럼 여러 사람이 쓴 다양한 사용 방법을 참고해 조금씩 따라 해보는 것이 무엇보다 중요하다고 생각합니다. 처음에는 단순히 메모장처럼 사용해도 좋아요. 중요한 것은 새로운 기능을 접할 때마다 하나씩 직접 시도해 보고, 그중에서 자신에게 맞는 방식을 찾아가는 과정입니다. 작게라도 하나씩 경험을 쌓아가다 보면, 어느 순간 자연스럽게 Notion이 나에

게 최적화된 도구로 자리 잡게 될 거예요. 부담 갖지 말고 가볍게 시작해서, 나만의 방법을 만들어 가질 응원합니다.

 **Notion을 입문자에게 어떤 사용 방법을 추천하고 싶나요?**

처음부터 100%를 완벽하게 터득하려고 한다면 금방 지치고 힘들어질 수 있답니다. 그래서 저는 1을 시도해 보는 것 자체에 의미를 두는 방법을 추천하는 편이에요. 여기서 '시도'란, 완벽하게 마스터하겠다는 목표가 아니라, 일단 가볍게 해 보는 것에 초점을 두는 거예요. 그렇게 조금씩 나에게 맞게 적용해 나가다 보면, 자연스럽게 실력이 쌓이는 것을 느낄 수 있을 거예요. 무엇이든 처음부터 완벽하려고 하면 부담이 크지만, 가볍게 한 걸음씩 나아가다 보면 어느 순간 나도 모르게 익숙해져 있는 자신을 발견하게 됩니다. 중요한 것은 속도가 아니라, 포기하지 않고 꾸준히 시도해 보는 과정이에요. 작더라도 하나하나 쌓아가는 경험이 결국 자신만의 탄탄한 기반이 되어줄 것입니다.

 **직접 만들어 애용하는 Notion 템플릿를 소개해 주세요.**

제가 수식을 사용해 만든 근속연수 파악, 연차 계산 템플릿입니다. :) 근로기준법으로 기준이 정해진 연차 개수이지만, 많은 분이 헷갈려하는 경우도 많고, '위에서 이 정도 있다고 하니까…'라고 생각하는 경우도 많죠. 근속연수도 오래되다 보면 헷갈려하는 경우가 많습니다. 그런 분들을 위해 근속연수를 정리할 수 있고, 연차도 자동으로 계산할 수 있도록 만들었습니다.

▲ 연차 마스터 템플릿

최근 인턴을 진행하면서 매달 발생하는 연차 개수를 정리할 수 있었고 이력서를 정리하면서 근속연수를 함께 정리하는 데도 많은 도움이 되었습니다.

이 템플릿은 누구나 손쉽게 사용할 수 있도록 구성되어 있으며 연차 계산을 위한 최소한의 입력만으로 결과가 자동으로 계산되고 이를 시각적으로 확인할 수 있습니다. '나의 연차 계산하기' 데이터베이스에 '재직 여부', '입사일', '퇴사일'을 입력하면 수식을 통해 자동으로 '경력' 과 '올해 연차 개수'가 계산됩니다. 또한 '올해 사용한 연차 개수' 항목에 숫자를 입력하면 사용한 일수를 반영해 남은 연차의 비율과 막대 그래프가 자동으로 표시되어 연차 사용 현황을 간편하게 관리할 수 있습니다.

▲ 연차 계산

추가로 연차를 계획적으로 사용하는 데 도움이 되는 일정표도 함께 제공됩니다. 버튼을 클릭해 원하는 연차 일수를 추가하고, 각 날짜별로 구체적인 계획이나 메모를 작성할 수 있습니다. [연차 사용 계획] 레이아웃에서는 일정을 드래그해 정리하거나 체크박스를 사용해 관리할 수 있으며, 전체 연차 일정을 한눈에 확인할 수 있어 연차 계획을 보다 체계적으로 관리하는 데 유용합니다.

▲ 연차 사용 계획

🐷 스윈의 추천 포인트

❶ **높은 사용자 맞춤성과 자동화 기능**: 사용자의 필요에 맞게 템플릿을 수정하거나 반복 작업을 자동화할 수 있어, 업무를 효율적으로 처리할 수 있어요.

❷ **기록과 정리에 최적화된 인터페이스**: 문서, 데이터베이스, 대시보드 등 다양한 형태의 콘텐츠를 한 곳에 통합 관리할 수 있으며, 원하는 형태로 자유롭게 시각화할 수 있어요.

❸ **학습과 실습을 통한 쉬운 적응**: 기초적인 문서 작성부터 시작해 템플릿 분석과 재구성을 반복하는 과정에서 기능을 익히고 자신만의 스타일로 가공할 수 있어요.

Chapter 8

Notion Ai

All In One AI
Notion AI란 무엇일까?

실용적인 AI의 발전으로 다양한 서비스가 주목받고 있습니다. 그런 가운데 Notion에도 AI 기능이 도입되었으며, 그 이름은 Notion AI입니다. Notion AI는 아이디어 정리, 회의록 요약, 초안 작성 등 다양한 작업의 효율화를 지원합니다. 간단한 명령만으로 콘텐츠를 생성하거나 기존 텍스트를 요약·보완할 수 있어, 문서 작업의 생산성을 높이는 데 매우 유용합니다.

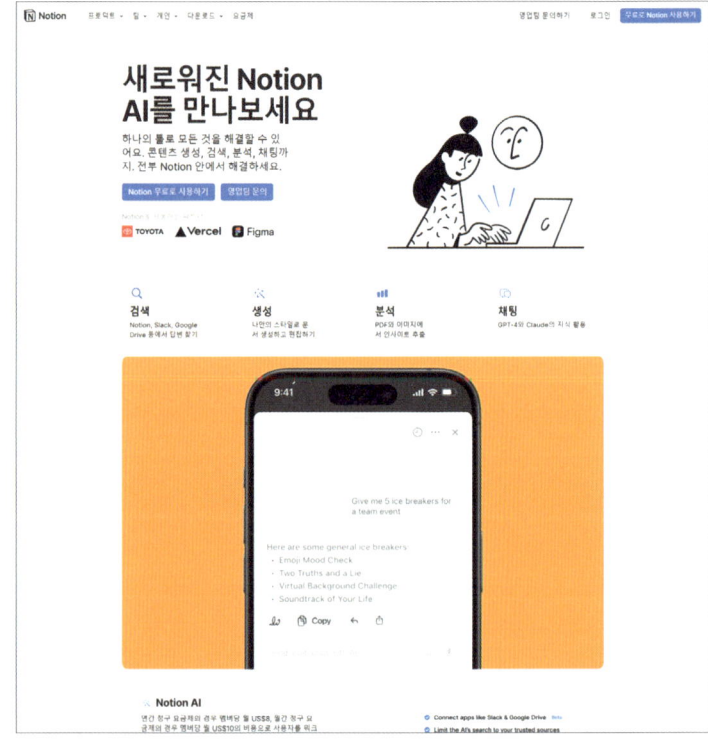

▲ Notion AI 소개 페이지, 출처: Notion 홈페이지

Notion AI는 다양한 상황에서 유용하게 활용할 수 있습니다. 예를 들어, 회의록 요약, 아이디어 브레인스토밍, 글쓰기 초안 작성, 데이터 정리 등 여러 업무에 활용할 수 있죠. 특히 복잡한 내용을 자동으로 정리하거나, 표와 문서 내용을 요약해주는 기능은 큰 도움이 됩니다.

이 장에서는 Notion AI를 효과적으로 활용할 수 있는 방법을 간단히 소개합니다. 더 자세한 사용법은 Notion 공식 홈페이지를 참고해 보세요. 또한, 이 장에서 다루는 템플릿에도 곳곳에 Notion AI의 기능이 포함되어 있으니 참고해 보세요. **AI 기능을 적극적으로 활용하면 Notion을 더욱 편리하고 효율적으로 사용할 수 있습니다.**

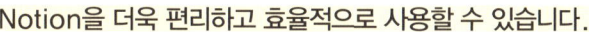

노슈니

Notion AI는 빠르게 업데이트되고 있어요. 최근에는 데이터베이스도 생성할 수 있으니 꼭 활용해 보세요.

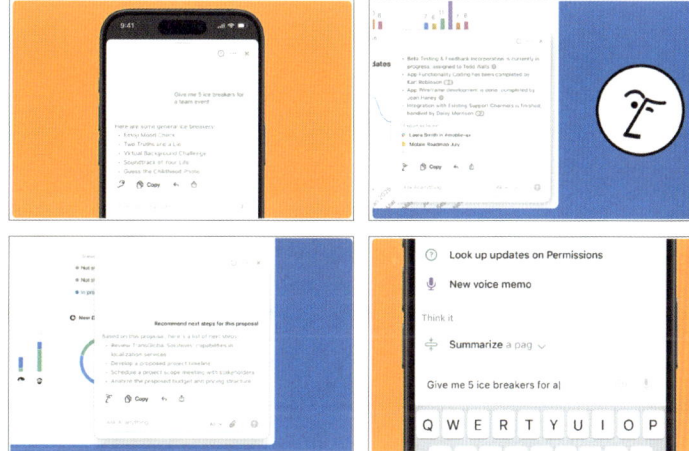

▲ Notion AI로 검색, 생성, 분석, 채팅하기, 출처: Notion 홈페이지

Notion AI에 대한 자세한 내용은 Notion 홈페이지(https://www.notion.com/ko/product/ai)를 참고하세요.

Notion AI를 구독해 보세요

Notion AI는 무료로 체험할 수 있지만 체험 기간이 종료되면 기존 구독에 추가하는 형태로 구매해야 합니다. 체험은 일정량의 무료 AI 응답으로 제공되며, 이 응답 수는 워크스페이스 구성원 전체와 공유됩니다. 할당된 무료 응답을 모두 사용하면 더 이상 AI 기능을 사용할 수 없고 유료 구독을 통해 추가 이용이 가능합니다. 여기에서는 Notion AI의 구독 방법에 대해 알아보겠습니다.

❶ 사이드바에서 [설정]을 선택합니다.

❷ [요금제 업그레이드]에서 [Notion AI]에 있는 [요금제에 추가]를 선택합니다.

❸ 결제 정보를 입력하면 업그레이드가 완료됩니다.

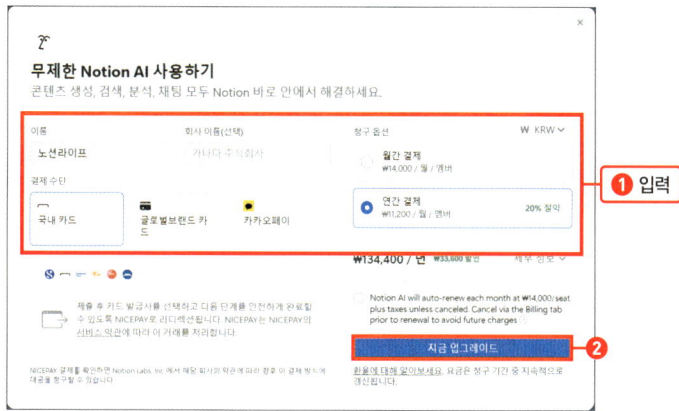

▲ 결제 정보 입력

다음 페이지에서 바로 Notion AI를 사용해 보세요.

8.1 회의록 템플릿
회의록은 더 효율적으로 작성할 수 있다

회의록은 회의에서 결정된 사항을 기록하여 보관하거나, 참석하지 못한 사람들에게 내용을 전달하는 데 유용합니다. 그러나 회의의 본래 목적은 논의이므로 회의록 작성에 드는 부담은 가능한 줄이는 것이 바람직합니다.

여기에서는 간편하게 회의록을 작성할 수 있는 템플릿을 소개합니다. 또한 Notion의 새로운 기능인 Notion AI를 활용하는 방법도 함께 다룹니다. Notion AI는 문서를 이해하고 자동으로 문장을 생성해 주는 유용한 도구이므로, 적극적으로 활용해 보시기 바랍니다.

 Rei
회의록 템플릿을 사용하면 회의 시간 내에 논의된 내용을 읽기 쉬운 문서로 정리할 수 있습니다!

 **회의를 준비해 보세요**

회의가 시작되기 전에 '회의록 한 눈에 보기'에서 **[+새 페이지]**를 클릭하여 새 회의록을 준비합니다.

▲ 새 회의록 생성

페이지가 생성되면 자동으로 페이지 제목과 오늘 날짜가 입력되고, 속성의 '날짜'와 '최종 수정 시간'에도 해당 날짜와 시간이 기록됩니다. '작성자'에는 페이지를 만든 사람이 자동으로 입력되므로 남은 속성인 '참석자'와 '회의 종류'만 채워 넣으면 됩니다. 회의의 '목적'를 미리 입력해 두면 더욱 원활하게 회의록을 작성할 수 있습니다. 회의 전 확인해야 할 자료가 있다면 '자료'에 첨부해 두세요.

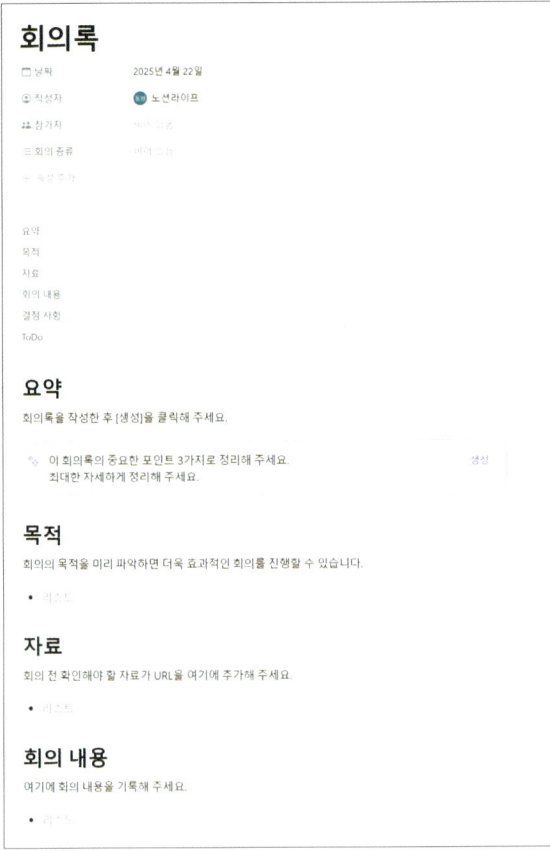

▲ 회의록 페이지

 **회의록을 작성해 보세요**

회의가 시작되면 Notion에 회의록을 작성해 보세요. 이 회의록은 회의 참석자들이 함께 편집하면서 작성하는 것이 좋습니다. 회의가 시작되면 회의 메모에 내용을 기록하며 진행하세요. 최종적으로 결정된 사항은 '결정 사항'에 정리해 두면, 회의록을 공유했을 때 중요한 결론을 바로 확인할 수 있어 유용합니다. 또한 회의 중에 발생한 업무가 있다면 'ToDo'에 메모해 두세요.

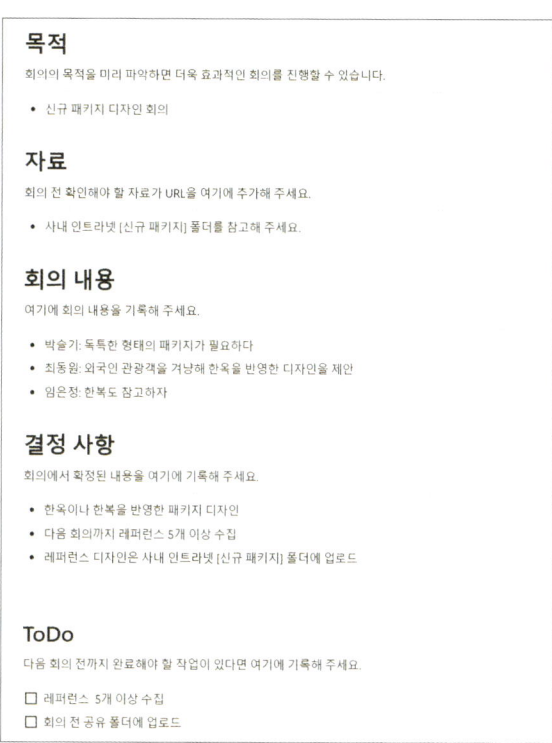

▲ 회의록 작성

다음 회의의 'ToDo'를 데이터베이스로 관리하는 것도 추천합니다. 이 템플릿에서는 텍스트 형식으로 업무를 정리하고 있지만 회사에서 공통으로 사용하는 업무 관리 데이터베이스가 있다면 해당 링크를 삽입하는 것도 좋은 방법입니다. **회의록 템플릿을 편집하고 싶다면 데이터베이스의 [새로 만들기] 를 클릭한 후, 수정할 템플릿을 선택하여 편집하세요.**

노슈니

[반복]을 선택하면 '매일', '매주', '매월' 등 설정한 주기마다 자동으로 새 회의록이 생성돼요!

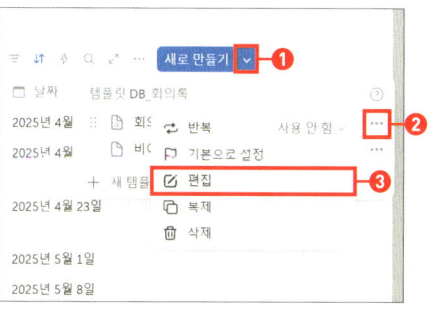

▲ 회의록 템플릿 수정

 **Notion AI로 회의록 내용을 요약해 보세요**

회의록 작성을 마친 후에는 Notion AI를 사용하여 주요 내용을 요약해 보세요. '요약' 오른쪽에 있는 [생성] 버튼을 클릭하면 Notion AI가 회의록의 핵심 내용을 세 가지 요점으로 정리해 줍니다.

▲ AI에게 요청할 내용 입력

회의에 참석하지 못한 사람도 이 부분만 읽으면 회의 내용을 쉽게 파악할 수 있어 매우 편리합니다. 만약 AI가 작성한 문장에 문제가 있다면, 요청 사항을 수정한 후 다시 [생성]을 클릭하세요.

▲ AI가 생성한 요약 내용

- ✓ 템플릿을 활용하면 빠르고 깔끔하게 회의록을 작성할 수 있어요.
- ✓ 모든 팀원이 함께 회의록을 편집할 수 있어요.
- ✓ 회의가 끝나면 Notion AI로 회의록을 요약해 보세요.

8.2 프로젝트 관리 템플릿
프로젝트 관리 마스터하기

업무에서 Notion이 가장 대표적으로 활용되는 방식 중 하나는 대규모 프로젝트 관리입니다. IT 기업뿐만 아니라, 어떤 조직이든 업무를 진행하는 경우 프로젝트를 체계적으로 관리해야 합니다. 여기에서 소개하는 템플릿을 활용하면 장기적인 프로젝트 일정과 이에 연결된 개별 작업을 효과적으로 관리할 수 있습니다. Notion은 높은 커스터마이징 기능을 제공하기 때문에, 프로젝트의 규모에 맞춰 유연하게 조정하여 사용할 수 있습니다.

 Rei

바쁜 프로젝트 관리자뿐만 아니라, 업무 진행 상황을 관리하는 직무의 분들에게도 특히 추천하는 템플릿입니다!

프로젝트를 등록하고 공유해 보세요

'프로젝트 목록'에 새 프로젝트를 등록하세요. 페이지를 생성한 후, 제목에 프로젝트명을 입력합니다. 이후 상태를 선택하고, 유형, 담당자, 일정(시작일 및 종료일) 등의 속성을 입력합니다.

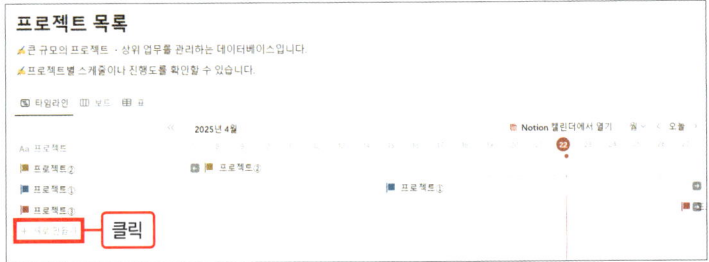

▲ 새 프로젝트 등록

프로젝트 페이지에서는 해당 프로젝트에 맞춰 필터링된 '업무' 데이터베이스가 삽입되어 있습니다. 이 페이지를 팀원들과 공유하면 프로젝트와 관련된 모든 업무를 함께 확인할 수 있습니다.

▲ 프로젝트 페이지

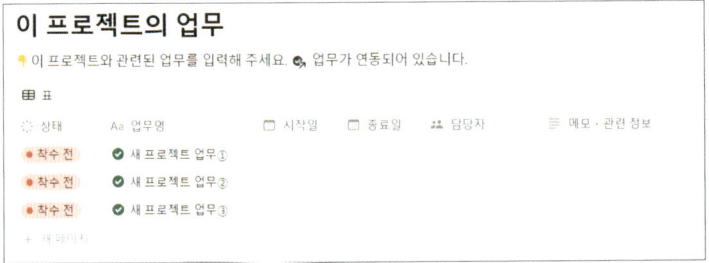

▲ 업무 데이터베이스

 업무를 등록하고 계획을 세워보세요

이제 본격적인 프로젝트 관리를 위해 현재 진행 중인 프로젝트와 관련된 업무를 등록하고 세부 일정을 계획해 보세요. '업무 목록' 데이터베이스와 각 프로젝트 페이지의 업무 목록은 동일한 데이터이므로, 어느 쪽에서든 업무를 자유롭게 등록할 수 있습니다.

새 업무를 등록하려면 프로젝트 이름 옆의 [+]을 클릭하거나 업무를 등록할 프로젝트 페이지 안에서 [+새 페이지]를 생성하면 됩니다.

▲ 업무 목록에서 추가

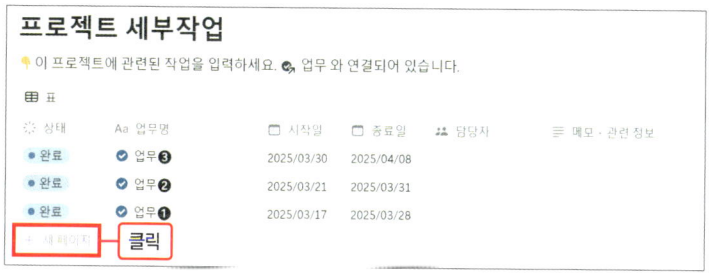

▲ 업무 목록에서 추가

새 페이지를 생성한 후 제목과 상태를 설정하세요. 그 다음 해당 작업을 수행할 시작일이나 종료일을 입력합니다.

▲ 업무 페이지

일정 관리는 '업무 목록'의 [타임라인] 레이아웃을 활용하면 각 업무에 해당하는 막대를 드래그하는 것만으로도 일정을 손쉽게 조정할 수 있어 편리합니다. 또한 담당자를 미리 지정해 두면, 나중에 필터를 적용할 때 유용하게 활용할 수 있습니다. 각 작업 내에서 추가적인 세부 작업이 필요한 경우, 담당자가 이해하기 쉽도록 해당 페이지 안에 정리해 두는 것도 좋은 방법입니다.

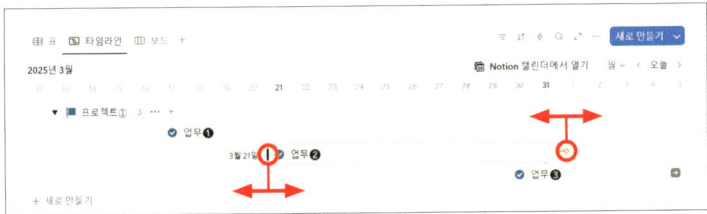

▲ 프로젝트 업무 일정 조정

 필터와 Notion AI로 진행 상황 확인해 보세요

업무 데이터베이스에는 Notion AI를 활용한 속성도 포함되어 있습니다. Notion AI는 페이지 내 텍스트뿐만 아니라 데이터베이스의 속성에서도 사용할 수 있습니다. '업무' 데이터베이스의 템플릿에서 [AI: 자동 채우기]-[사용자 지정 자동 채우기]를 선택한 다음 Notion AI의 '무엇을 생성할까요?'의 입력란에 프롬프트를 입력하면, 페이지 내용을 바탕으로 작업의 진행 상태 등을 자동으로 파악해 표시해 줍니다. 여기서는 다음과 같은 작업을 요청했습니다.

Notion AI를 활용하면 작업 진행 상황을 빠르게 확인할 수 있어 매우 유용하므로 적극적으로 활용해 보길 권장합니다.

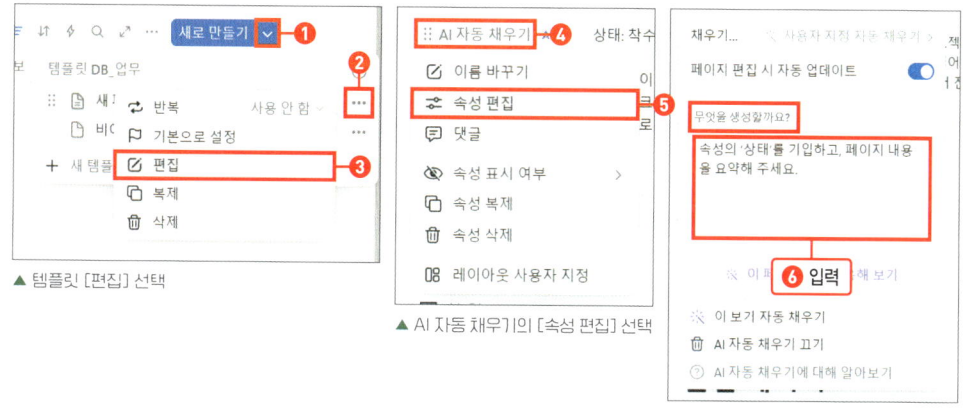

▲ 템플릿 [편집] 선택

▲ AI 자동 채우기의 [속성 편집] 선택

▲ 프롬프트 입력

✓ 프로젝트 관리 템플릿을 팀원들에게 공유해 보세요.

✓ 프로젝트와 연결된 작업을 관리할 수 있어요.

✓ 진행 상황을 필터나 Notion AI로 확인해 보세요.

8.3 브레인스토밍 템플릿
아이디어 구상도 Notion의 도움을 받아보세요!

여러분은 새로운 아이디어를 떠올릴 때 어떤 도구를 사용하시나요? 저도 종이나 iPad에 직접 메모할 때가 있지만 Notion을 활용하는 경우도 많습니다. 그날의 기분이나 상황에 따라 도구를 적절히 선택하면 더 효율적으로 아이디어를 정리할 수 있습니다.

이번에는 Notion을 활용한 다양한 아이디어 발상 방법을 소개해 드립니다. 이 중 하나라도 여러분에게 도움이 된다면 기쁠 것 같습니다. 물론, Notion AI도 함께 활용할 수 있습니다.

 Rei
조금 색다른 Notion 활용법이니, 템플릿을 복제해서 직접 다양한 기능을 시도해 보세요!

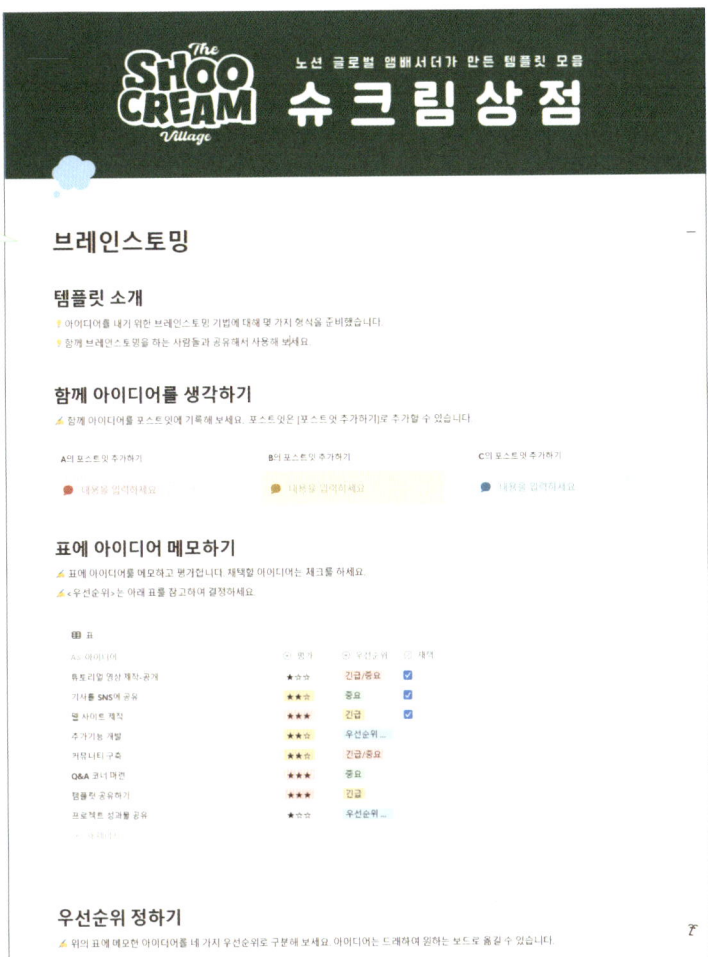

 **Notion을 포스트잇처럼 활용해 보세요**

포스트잇에 아이디어를 적어 나열하는 방식은 가장 단순한 브레인스토밍 방법입니다. 이러한 방식을 Notion을 활용해 디지털 환경에서 구현해 보았습니다. 아이디어를 자유롭게 입력하고 정리할 수 있어 개인은 물론 팀 단위에서도 유용하게 활용할 수 있습니다.

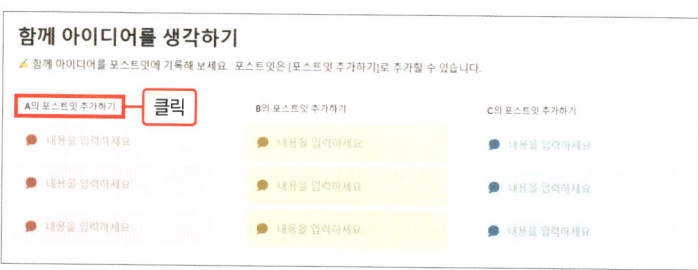

▲ 새 포스트잇 추가

 노슈니

템플릿에 새 페이지를 추가해 '휴지통'으로 활용해 보세요. 포스트잇이 쌓이는 것을 방지할 수 있고, 삭제하지 않고도 예전 아이디어를 다시 확인할 수 있어 유용해요.

회의 전이나 회의 중에 브레인스토밍을 진행할 모든 멤버와 이 템플릿을 공유하고 포스트잇을 추가해 보세요. **[#의 포스트잇 추가하기]를 클릭하면 새로운 포스트잇을 쉽게 추가할 수 있습니다.** 종이 포스트잇을 사용하는 경우에는 회의실에 모여 화이트보드에 직접 붙여야 하지만 Notion을 활용하면 원격으로도 아이디어를 공유할 수 있으며, 회의 전에 미리 브레인스토밍을 진행할 수도 있습니다. 이러한 방식은 더욱 의미 있는 회의를 만드는 데 큰 도움이 됩니다.

[버튼] 블록을 활용하면 반복적인 작업을 버튼 하나로 자동화할 수 있습니다. 이 템플릿에서는 [버튼] 블록으로 포스트잇 추가 기능을 설정했습니다 ❶[+]를 선택하거나 '/'를 입력하여 [버튼] 블록을 삽입한 다음 ❷[버튼] 블록의 이름을 입력합니다. ❸블록을 삽입하는 동작을 선택하고, [버튼] 클릭했을 때 추가할 콘텐츠를 설정하면 됩니다. 버튼 블록은 다양한 작업에 응용할 수 있어, 익혀두면 매우 유용한 기능 중 하나입니다.

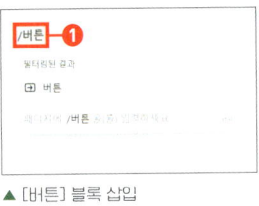 

▲ [버튼] 블록 삽입

 표에 아이디어를 작성해 보세요

두 번째 브레인스토밍 방법은 아이디어를 표에 정리한 후 평가하는 방식입니다.

아이디어를 표로 정리한 뒤 팀원들과 함께 평가하고 우선순위를 설정해 보세요. 회의 중 떠오른 아이디어를 표 형식으로 계속 기록한 다음 각 아이디어를 팀원들과 함께 ★ 3개 만점으로 평가합니다. 평가가 완료되면 최종적으로 채택할 아이디어에는 '채택 여부' 항목에 체크 표시를 합니다.

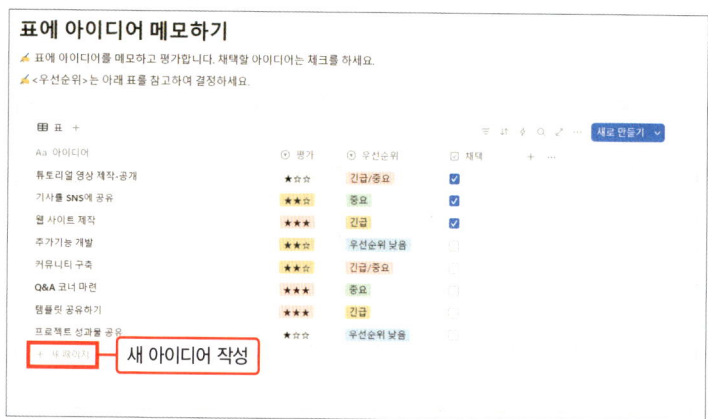

▲ [표] 레이아웃에 아이디어 작성

그런 다음 아이디어의 실행 우선순위를 결정합니다. 이를 위해 '우선순위' 태그 중 하나를 선택하여 각 아이디어의 중요도를 구분할 수 있습니다. 이 방법은 단순 나열을 넘어 아이디어를 구체적으로 평가하고 실행으로 연결할 수 있다는 점에서 매우 실용적입니다. 이 템플릿의 속성 외에 필요하다고 생각되는 항목이 있다면 자유롭게 추가해 보세요.

 아이디어를 분류해 보세요

아이디어를 우선순위에 따라 분류해 보세요. 표에 정리한 아이디어 중 어떤 아이디어를 채택할지 고민된다면 '아이젠하워 매트릭스'라는 시간 관리 기법을 활용해 보세요. 이 방법은 긴급성과 중요도라는 두 가지 기준을 바탕으로 아이디어를 네 가지 우선순위로 나누는 방식입니다.

▲ 아이젠하워 매트릭스

아이젠하워 매트릭스는 업무를 긴급성과 중요도에 따라 구분하는 시간 관리 기법입니다. '긴급/중요', '중요', '긴급', '우선순위 낮음'으로 구분했습니다. Notion의 [보드] 레이아웃을 활용하면 효과적으로 업무를 관리할 수 있습니다.

이 [보드] 레이아웃을 네 가지 색상의 [콜아웃] 블록을 활용해 시각적으로 정리되어 있습니다. 이는 콜아웃 블록 안에 데이터베이스를 삽입한 것으로 이렇게 하면 데이터베이스에도 색상을 적용할 수 있습니다. Notion에서는 다양한 블록의 아이콘과 텍스트 배경색을 자유롭게 변경할 수 있으며, 색상을 활용하면 정보를 더욱 직관적으로 정리할 수 있습니다. 작업 분위기를 밝고 활기 있게 만드는 데도 도움이 됩니다. [콜아웃] 블록을 활용하여 가독성을 높여보는 것도 좋은 방법입니다.

Notion AI의 도움을 받아보세요

이 브레인스토밍 템플릿의 마지막으로 Notion AI를 활용한 두 가지 아이디어 발상 방식을 소개합니다. 아이디어가 쉽게 떠오르지 않을 때는 Notion AI를 적극 활용해 보세요.

첫 번째 방법은 Notion AI가 질문을 던져 아이디어 발상을 유도하는 것입니다. '목적·과제'에 브레인스토밍의 조건을 입력한 뒤 **[생성]**을 클릭하면, 입력한 조건에 맞춰 Notion AI가 관련 질문을 자동으로 생성해 줍니다. 이 기능은 아이디어가 막혔을 때 새로운 시각을 얻는 데 도움을 줄 수 있습니다.

질문의 내용을 바꾸고 싶다면, 프롬프트를 직접 수정하거나, 버튼 설정 아이콘을 클릭해 내용을 편집할 수 있습니다. 원하는 수준의 질문이 나오지 않을 경우에는 프롬프트를 조금씩 바꿔보는 것도 좋은 방법입니다.

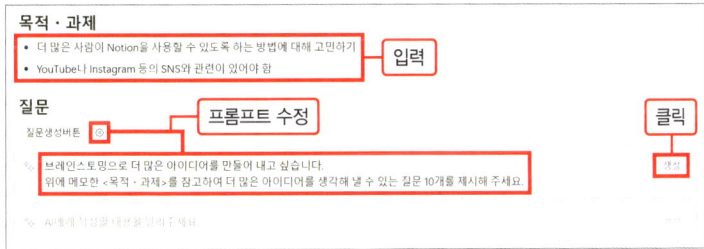

▲ Notion AI에게 질문받기

▲ Notion AI가 생성한 질문

두 번째 방법은 브레인스토밍 아이디어 자체를 AI가 생성하도록 요청하는 것입니다. [AI] 블록에 원하는 프롬프트를 입력하고 [생성]을 클릭하면 Notion AI가 입력된 프롬프트에 맞춰 아이디어를 제안해 줍니다. 예를 들어, 여기에서는 '더 많은 사람이 Notion을 사용하도록 하기 위한 10가지 아이디어'를 생성하도록 요청했습니다. 스스로는 생각하지 못했던 새로운 아이디어가 떠오를 수도 있습니다.

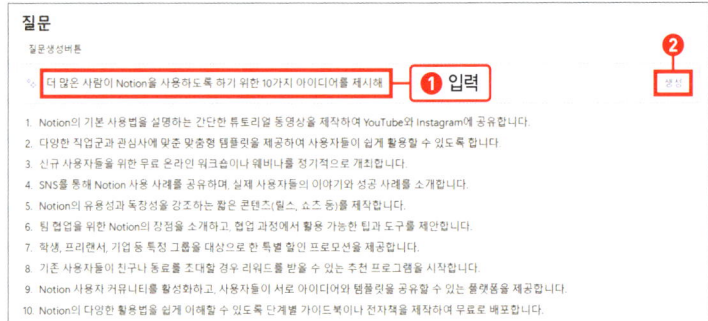

▲ Notion AI가 생성한 아이디어

✓ 다양한 아이디어 발상 방법을 살펴보세요.
✓ 아이디어를 채택할 때는 우선순위 설정이 중요해요.
✓ 막혔을 때는 Notion AI의 도움을 받아보세요.

8.4 SNS 플래너 템플릿
SNS를 한 곳에서 관리하는 방법

저는 평소 Notion을 활용해 SNS 콘텐츠를 발행하고 있습니다. 주로 YouTube를 중심으로 활동하지만, X(구 Twitter)나 Instagram 등 다른 플랫폼에도 동시에 콘텐츠를 공유합니다. 개인적으로 여러 개의 SNS 채널을 운영하시는 분들도 많을 텐데요, 각 플랫폼을 따로 관리하다 보면 생각보다 많은 시간과 에너지가 소모됩니다. 그래서 여러 SNS의 게시물 관리와 분석을 한곳에서 진행할 수 있는 템플릿을 만들어 보았습니다. 기본적으로 Instagram, X(구 Twitter), YouTube용 페이지를 준비했지만 필요에 따라 항목을 추가하거나 수정하여 자유롭게 활용하실 수 있습니다.

 Rei

Notion AI를 활용해 SNS를 효율적으로 관리해 보세요. 개인은 물론, 기업의 SNS 운영에도 게시물 관리와 분석 측면에서 유용하게 활용할 수 있습니다.

 관리할 SNS 채널을 정리해 보세요

SNS 플래너에는 Instagram, X, YouTube의 세 가지 페이지가 포함되어 있습니다. 먼저, 관리하려는 SNS 페이지를 열어보세요. 각 페이지에는 '게시물 관리 및 분석'과 '팔로워 성장 추이' 영역이 포함되어 있습니다. 여기서는 Instagram을 예로 들어 사용 방법을 알아보겠습니다.

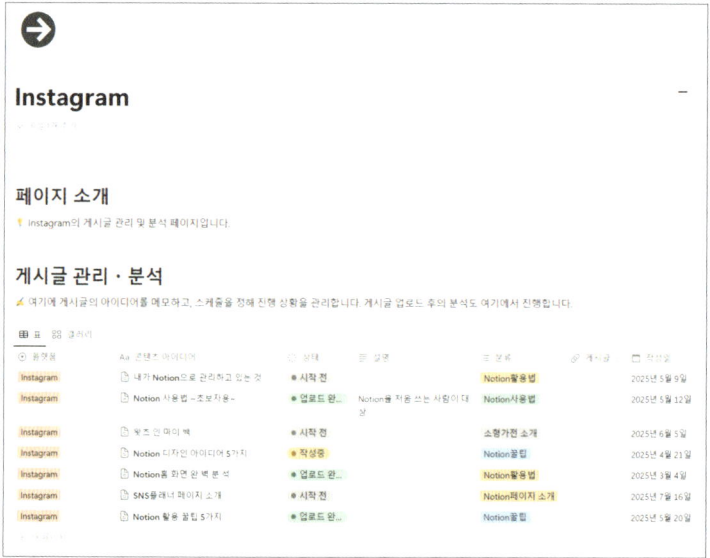

▲ SNS 관리 페이지

게시물 아이디어를 정리하고 콘텐츠를 생산해 보세요

'게시물 관리·분석'을 활용하면 게시물 아이디어 정리부터 콘텐츠 작성, 게시 후 분석까지 한 번에 진행할 수 있습니다. 먼저, 게시할 내용을 구상해 보세요. 아이디어가 떠오르면 '콘텐츠 아이디어'에 메모를 하고 이후 정리하기 쉽게 분류를 선택하는 것이 좋습니다.

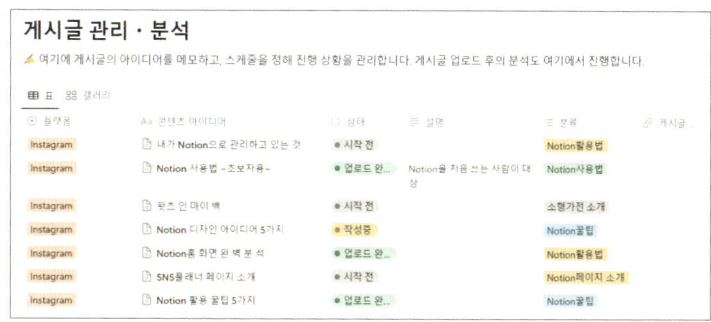

▲ 테이블 뷰에 아이디어 작성하기

SNS를 운영할 때, 팔로워 수는 중요한 목표가 됩니다. '팔로워 수'에서는 이러한 목표를 보다 재미있게 관리할 수 있도록 구성했습니다. 게임을 하듯이 목표를 설정하고, SNS 운영을 더욱 지속적으로 할 수 있습니다.

▲ 팔로워 수 목표 설정

게시할 콘텐츠를 구상하고 실제로 생산하는 것은 많은 고민이 필요하고 쉽지 않은 작업입니다. 이럴 때는 Notion AI를 활용해 보세요. 각 게시물의 페이지를 열고, ❶빈 블록에서 [+]를 클릭하거나 '/ai'를 입력하여 [AI] 블록을 삽입하면 ❷Notion AI에게 요청할 내용을 입력할 수 있습니다. 예를 들어, '페이지 제목에 맞는 Instagram 게시글을 작성해 주세요.' 라고 입력하면 Notion AI가 자동으로 게시물 내용을 생성해 줍니다. 세부적인 부분을 조정하면 손쉽게 게시할 콘텐츠를 완성할 수 있습니다.

▲ [AI] 블록 삽입

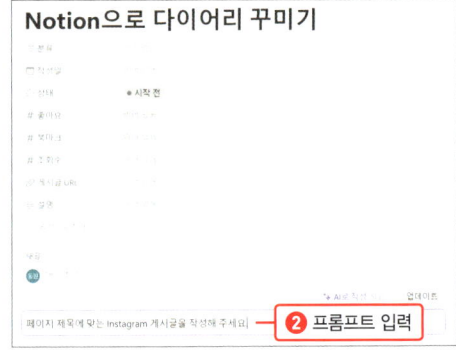

▲ Notion AI에 요청할 내용

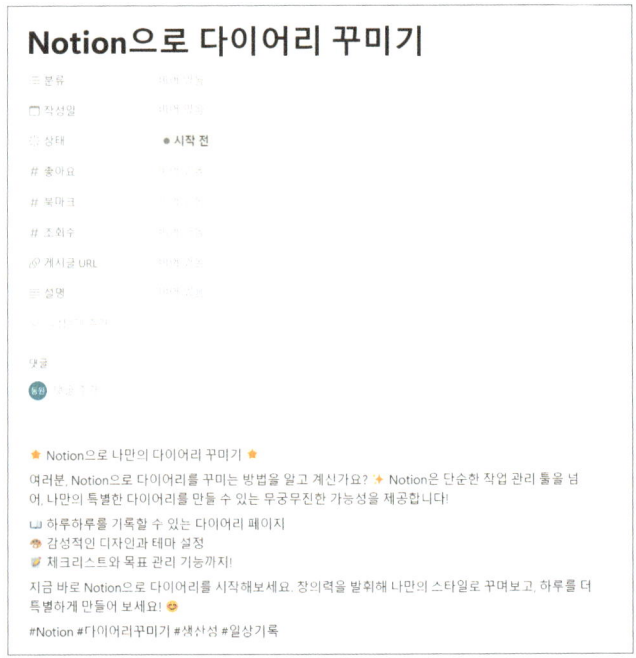

▲ Notion AI가 작성한 게시글

 ## 게시 일정 관리와 분석도 할 수 있어요

템플릿을 활용하여 진행 상황도 간편하게 관리할 수 있습니다. '게시물 관리·분석'에서는 게시물의 진행 상태를 관리할 수 있습니다. 콘텐츠를 제작 중이라면 '작성 중'으로 설정하고, 업로드를 완료하면 '업로드 완료'로 변경해 보세요. 또한 게시물이 완성되고 업로드 날짜를 정했다면 '작성일' 항목에 날짜를 입력하면 됩니다.

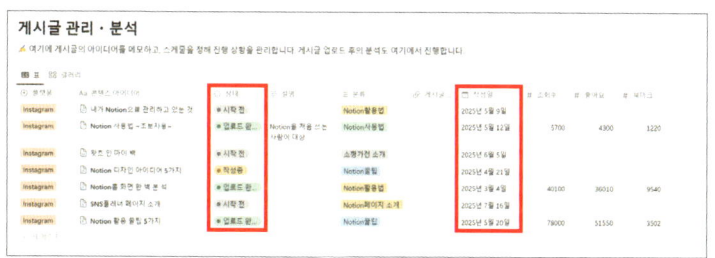

▲ 게시글 관리

이렇게하면 템플릿의 '콘텐츠 캘린더'에서 게시 일정을 한눈에 확인할 수 있습니다. 여러 SNS를 동시에 관리하는 것은 쉽지 않지만, 이렇게 하면 전체적인 일정을 한눈에 파악할 수 있습니다.

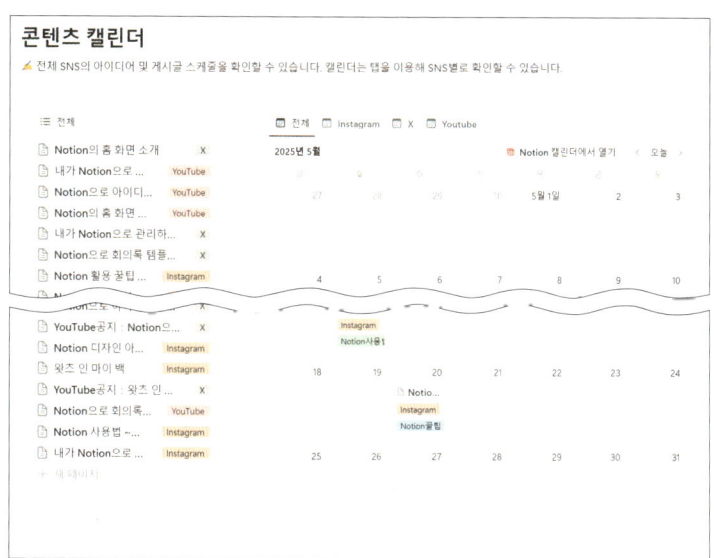

▲ 모든 게시 일정 한눈에 확인하기

게시가 완료되면 마지막으로 성과를 분석해 보세요. 각 SNS의 애널리틱스에서 제공하는 지표를 참고하여, '조회수', '좋아요', '북마크' 등의 항목을 추가해 보았습니다. **일정량의 게시물이 누적되면, 데이터를 비교하여 어떤 게시물이 좋은 반응을 얻었는지 파악할 수 있습니다.** 이를 활용하면 향후 아이디어 구상과 게시 전략을 세우는 데 도움이 될 것입니다.

노슈니

데이터베이스의 [정렬] 기능을 활용해 내림차순으로 정렬하면, 반응이 가장 좋았던 게시물을 간편하게 확인할 수 있어요.

# 조회수	# 좋아요	# 북마크
5700	4300	1220
40100	36010	9540
78000	51550	3502

▲ 분석 수치 입력

✓ SNS 채널과 게시물도 Notion으로 관리할 수 있어요.

✓ 콘텐츠 아이디어도 Notion AI를 활용해 보세요.

✓ 관리와 분석도 한곳에서 처리할 수 있어요.

노션 앰배서더 노슈니의 선물

운동 플래너

행사 기획

모바일 가계부

여행 플래너

ToDo 리스트

위클리 플래너

파티 초대장

스터디 플래너

루틴 챌린지

포트폴리오